A chi ci ha insegnato a guardare.

INTRODUZIONE

L'Associazione di professionisti ADC.legal intende, con questo primo volume della collana "i codici", offrire uno strumento di cui possono avvalersi tutti gli operatori del settore alle prese con le continue modifiche legislative.
ADC.legal, da sempre attiva nell'ambito della divulgazione dei temi collegati alla legislazione antimafia ed in particolare alla amministrazione giudiziaria, propone quindi con questa pubblicazione il testo del Codice Antimafia (decreto legislativo 6 settembre 2011, n. 159), coordinato con le ultime modifiche apportate con approvazione della legge 17 ottobre 2017, n.161.
Con le nuove disposizioni antimafia il Legislatore ha sostanzialmente modificato il sistema delle misure di prevenzione in modo del tutto organico e significativo. Il nuovo codice nasce dalle numerose proposte correttive che, fin dall'entrata in vigore del d.lgs n. 159/2011, sono state avanzate. Il governo non solo si è attivato mediante la costituzione di commissioni ministeriali che hanno rielaborato specificatamente determinati settori del Codice Antimafia, ma ha fatto proprie numerose proposte di iniziativa popolare avanzate dalle molteplici associazioni, attive in questo settore.
Gli interventi del legislatore spaziano dalle modifiche al sistema delle misure di prevenzione personali e patrimoniali, alla riforma della disciplina dell'amministrazione, gestione e destinazione dei beni e del sistema di tutela dei terzi. Gli interventi coinvolgono anche il codice penale e il codice di procedura penale, il decreto sulla responsabilità amministrativa da reato degli enti e la confisca c.d. allargata.
Il primo fondamentale aspetto innovativo si rinviene all'art. 1 del testo di riforma e consiste nell'ampliamento dei destinatari delle misure di prevenzione personali e patrimoniali. La novella aggiunge infatti anche:
i soggetti indiziati del reato di assistenza agli associati *ex* art. 418 c.p.;
le persone che abbiano posto in essere atti esecutivi – e non più, dunque, solamente preparatori – diretti a sovvertire l'ordinamento dello Stato, con la commissione di uno dei reati indicati alla lett. d) dell'art. 4 del codice antimafia, tra cui figurano anche i reati con finalità di terrorismo;
i soggetti indiziati del delitto di truffa aggravata per il conseguimento di erogazioni pubbliche *ex* art. 640-*bis* c.p.;
gli indiziati di associazione a delinquere finalizzata alla commissione di numerosi reati contro la pubblica amministrazione (peculato, malversazione a danno dello Stato, indebita percezione di erogazioni a danno dello Stato, concussione, corruzione per l'esercizio della funzione, corruzione per un atto contrario ai doveri d'ufficio, corruzione in atti giudiziari, induzione indebita a dare o promettere utilità, corruzione di persona incaricata di un pubblico servizio, istigazione alla corruzione);
i soggetti indiziati di *stalking ex* art. 612-*bis* c.p.-.
La versione definitiva della riforma accoglie gli emendamenti del Senato, in forza dei quali l'applicazione del sistema della prevenzione in materia di reati contro la P.A. viene "limitata" ai casi in cui questi siano commessi in forma associativa *ex* art. 416 c.p., e non individuale.

Procedendo nella rassegna delle novità legislative, si osserva che l'art. 2 della riforma modifica il procedimento di applicazione delle misure di prevenzione personali sotto diversi profili. In particolare:

si attribuiscono le funzioni e le competenze del procuratore della Repubblica presso il tribunale capoluogo del distretto, relative alla titolarità della proposta di misure di prevenzione personale, "anche" al procuratore della Repubblica del tribunale del circondario;

si prevede un coordinamento del procuratore della Repubblica presso il tribunale nel cui circondario dimora la persona con il procuratore della Repubblica presso il tribunale del capoluogo di distretto;

si dispone che la proposta di misura di prevenzione antimafia debba essere depositata presso le cancellerie delle istituende sezioni o dei collegi speciali per le misure di prevenzione del tribunale distrettuale nel territorio del quale la persona dimora;

si prevede che il divieto di soggiorno possa essere applicato anche in relazione a una o più "regioni" (e non a più "province");

si modifica la disciplina del procedimento di applicazione delle misure di prevenzione, precisando che il termine di trenta giorni entro il quale il Tribunale deve provvedere con decreto motivato, decorre dal deposito della proposta e che l'avviso di fissazione della data dell'udienza contenga una concisa esposizione dei contenuti della proposta. Viene inoltre previsto che la partecipazione all'udienza di detenuti e internati al di fuori della circoscrizione del giudice è assicurata a distanza mediante collegamento audiovisivo, salvo che il collegio ritenga necessaria la presenza della parte; ed è altresì introdotto un nuovo comma 4-*bis* all'art. 7 secondo cui il Tribunale, concluso l'accertamento circa la regolare costituzione delle parti, ammette le prove rilevanti, escludendo quelle vietate dalla legge o superflue;

si aggiunge inoltre la possibilità di rinvio dell'udienza in caso di legittimo impedimento, non solo dell'interessato, ma anche del difensore; e si modifica il comma relativo alla presenza necessaria dell'interessato all'udienza;

all'art. 7 vengono poi aggiunti sette nuovi commi, tre dei quali in materia di competenza (commi 10-*bis*, *ter* e *quater*), uno relativo al carico delle spese (10-*quinquies*), due relativi ai termini di deposito del decreto (10-*sexies* e *septies*) e uno alla redazione non immediata dei motivi (10-*octies*);

viene, infine, modificato l'art. 8 del codice antimafia, da un lato, coordinandone il contenuto con le modifiche all'art. 6, comma 2 e, dall'altro, prevedendo che la decisione del tribunale debba essere comunicata anche al difensore del proposto.

La riforma, all'articolo 3, interviene altresì a modificare la disciplina delle impugnazioni delle misure di prevenzione personali contenuta nell'art. 10 del codice antimafia, permettendo tra l'altro la proposizione del ricorso in appello e in Cassazione anche al difensore dell'interessato (non più, dunque, solo a quest'ultimo).

Sempre in materia di misure personali, e in particolare di decorrenza e cessazione della sorveglianza speciale di pubblica sicurezza, l'art. 4 della riforma introduce due nuovi commi all'art. 14 del codice antimafia, prevedendo che l'esecuzione della misura resti sospesa durante il tempo in cui l'interessato è sottoposto a custodia cautelare o a detenzione per espiazione di pena e che, qualora quest'ultima si sia protratta per almeno due anni, il giudice debba, anche d'ufficio, verificare la persistenza della pericolosità sociale del soggetto, così da revocare la misura in caso di accertamento negativo o, in caso contrario, emettere decreto con cui ordinarne l'esecuzione. La proclamata intenzione del legislatore, in questo caso, è stata quella di adeguarsi alle indicazioni della Corte costituzionale nella sentenza n. 291/2013.

Quanto alle misure di prevenzione patrimoniali – anch'esse comunque in parte coinvolte dalle modifiche sopra menzionate e, in particolare dall'estensione del loro ambito soggettivo di applicazione – può anzitutto osservarsi che l'art. 5 comma 1 della riforma ha provveduto a modificare l'art. 17 del codice antimafia, relativo alla titolarità della proposta, precisando che il procuratore nazionale antimafia e antiterrorismo può in ogni caso proporre la misura patrimoniale e che, nel caso di applicazione rivolta ai c.d. pericolosi generici di cui all'art. 1 o alle persone indiziate di cui alle nuove lett. i-*bis* e i-*ter* dell'art. 4, le funzioni e le competenze del procuratore distrettuale sono attribuite anche al procuratore della Repubblica del tribunale nel cui circondario dimora la persona, previo coordinamento con il procuratore distrettuale.

Sempre all'art. 17 viene inserito un nuovo comma 3-*bis*, essenzialmente volto a migliorare il coordinamento delle autorità competenti sul territorio: s'incarica infatti il procuratore distrettuale – attraverso il raccordo con il questore e il direttore della DIA – di curare che l'applicazione delle misure patrimoniali non rechi intralcio ad altre indagini in corso. A tal fine si impone al questore competente e al direttore della DIA di farsi carico di obblighi informativi nei confronti del procuratore distrettuale.

La norma relativa alle indagini patrimoniali (art. 19) viene modificata solamente consentendo alle autorità titolari di accedere anche al Sistema di interscambio flussi dati (SID) dell'Agenzia delle entrate e richiedere quanto ritenuto utile ai fini delle indagini.

Alcune novità riguardano anche la disciplina del sequestro (art. 20), in relazione al quale il legislatore ha ritenuto di sostituire la locuzione "persona nei cui confronti è iniziato il procedimento" con quella "persona nei cui confronti è stata presentata la proposta". Si prevede poi che, oltre al sequestro dei beni ritenuti di origine illecita, il tribunale possa disporre anche l'amministrazione giudiziaria di aziende nonché di beni strumentali all'esercizio delle relative attività economiche (art. 34) e la nuova misura del controllo giudiziario dell'azienda (art. 34-*bis*, appena introdotto). La riforma prevede, inoltre, che il sequestro di partecipazioni sociali totalitarie si estenda di diritto a tutti i beni aziendali, che il Tribunale è peraltro chiamato a indicare in modo specifico.

Viene altresì modificata l'esecuzione del sequestro, disciplinata all'art. 21 del codice antimafia, affidata ora alla polizia giudiziaria (anziché all'ufficiale giudiziario), con l'eventuale assistenza, "ove opportuno", dell'ufficiale giudiziario.

Inoltre, la riforma eleva (gli attuali 10 giorni) a 30 giorni il termine entro cui perde efficacia il sequestro urgente di cui all'articolo 22 del codice antimafia, prevedendo altresì che, per la convalida del sequestro, si tenga conto delle cause di sospensione previste dall'articolo 24 comma 2 del codice antimafia, tra cui – ad esempio – accertamenti peritali ed eventuali richieste di ricusazione.

La garanzia di intervento nel procedimento riconosciuta ai terzi dall'art. 23 del codice antimafia viene estesa (dall'art. 5 comma 7 della riforma) anche a coloro che vantino sul bene in sequestro diritti reali di garanzia, e non più solo diritti reali o personali di godimento.

Anche la norma sulla confisca di prevenzione (art. 24) viene ritoccata dal legislatore (ad opera del comma 8 dell'art. 5 della riforma), attraverso un esplicito riferimento alla impossibilità per il proposto di giustificare la legittima provenienza dei beni adducendo che il denaro utilizzato per acquistarli sia provento o reimpiego di evasione fiscale.

Nello stesso art. 24 del codice antimafia, viene poi introdotto un nuovo comma 1-bis contenente una disposizione analoga a quella relativa al sequestro di prevenzione relativo a partecipazioni sociali totalitarie: viene infatti previsto che tale confisca si estenda anche ai beni aziendali e che, anche in tal caso, vadano precisati i conti correnti e i beni aziendali cui si estende la misura ablatoria.

Il comma 2 dell'art. 24 viene invece sostituito, confermandosi però il termine di un anno e sei mesi (decorrente dalla data d'immissione in possesso dei beni da parte dell'amministratore giudiziario) entro il quale deve essere emesso il decreto di confisca da parte del Tribunale, pena la perdita di efficacia del sequestro. Risulta invece modificata la previsione della possibilità di proroga di tale termine in presenza di indagini complesse o compendi patrimoniali rilevanti: infatti, pur rimanendo intatto il riferimento al limite dei sei mesi, viene eliminato l'inciso "per non più di due volte", che fino ad oggi compariva invece nella norma. Sono altresì precisate le ipotesi di sospensione del termine ed è indicato in novanta giorni il termine massimo di sospensione per l'espletamento di accertamenti peritali sui beni.

Viene infine introdotto nella norma un comma 2-bis in base al quale alla revoca o all'annullamento del decreto di confisca consegue la cancellazione di tutte le trascrizioni e le annotazioni.

Importanti novità riguardano inoltre la confisca per equivalente. Viene infatti integralmente riformulata la disposizione di cui all'art. 25 del codice antimafia, eliminandosi ogni riferimento alla finalità di dispersione e occultamento dei beni quale presupposto necessario per ricorrere alla confisca di valore. Quest'ultima è pertanto ora applicabile ogniqualvolta "dopo la presentazione della proposta" non "risulti possibile procedere al sequestro dei beni, perché il proposto non ne ha la disponibilità, diretta o indiretta, anche ove trasferiti legittimamente in qualunque epoca a terzi in buona fede". Viene inoltre inserito un secondo comma nella disposizione che autorizza espressamente la confisca per equivalente anche laddove, in seguito alla morte del proposto, il procedimento sia proseguito nei confronti degli eredi o degli aventi causa (art. 18 comma 2) o sia iniziato nei confronti dei successori a titolo universale o particolare (art. 18 comma 3).

Anche la disciplina delle impugnazioni delle misure di prevenzione patrimoniali (art. 27 del codice antimafia) viene ritoccata dall'art. 6 della riforma. In particolare, si prevede l'impugnabilità anche del decreto che dispone o nega il sequestro (e non solo della revoca) e del provvedimento di rigetto della richiesta di confisca, anche qualora non sia stato ancora disposto il sequestro.

Quanto alla disciplina della revocazione della confisca (art. 28 del codice antimafia) – che resta richiedibile nelle forme di cui all'art. 630 ss. c.p.p. – la riforma è intervenuta stabilendo che la Corte d'appello competente venga individuata secondo i criteri di cui all'articolo 11 c.p.p. e attribuendo alla stessa Corte, nel caso in cui accolga la richiesta di revocazione, il compito di provvedere direttamente alla restituzione per equivalente *ex* art. 46, senza che gli atti siano a tal fine trasmessi al Tribunale.

I rapporti tra il sequestro e la confisca di prevenzione e i relativi istituti adottati in sede penale vengono modificati dall'art. 8 della riforma, stabilendo tra l'altro che, se la sentenza di condanna definitiva in sede penale che dispone la confisca interviene prima della confisca definitiva di prevenzione, il tribunale, se ha già disposto il sequestro ed è ancora in corso il procedimento di prevenzione, dichiara, con decreto, che la confisca è stata già eseguita in sede penale.

Per quanto attiene le misure di prevenzione patrimoniali diverse dalla confisca va segnalata la possibilità di rateizzazione della cauzione di cui all'art. 31 del codice antimafia, nonché la modifica integrale della norma sull'amministrazione giudiziaria dei beni connessi ad attività economiche.

Viene altresì introdotto un nuovo art. 34-*bis*, relativo al "Controllo giudiziario delle aziende", destinato a trovare applicazione in luogo dell'amministrazione giudiziaria laddove l'agevolazione dell'attività delle persone proposte o soggette a misure di prevenzione conseguente all'esercizio dell'attività aziendale "risulta occasionale e sussistono circostanze di fatto da cui si possa desumere il pericolo concreto di infiltrazioni mafiose" idonee a condizionare l'attività di impresa.

Viene introdotta una norma specifica sulla "Trattazione prioritaria dei procedimenti di prevenzione patrimoniale".

Di fondamentale importanza è poi la modifica del titolo relativo all'amministrazione, la gestione e la destinazione dei beni sequestrati e confiscati. Le novità riguardano la nomina e revoca dell'amministratore giudiziario, la relazione dell'amministratore giudiziario e i compiti di quest'ultimo, l'assistenza legale alla procedura. Viene altresì aggiunto un art. 35-*bis*, rubricato "Responsabilità nella gestione e controlli della pubblica amministrazione".

Anche la gestione dei beni sequestrati e confiscati, contenuta nel Capo II del Titolo III del codice antimafia, viene modificata l'art. 40, sulla gestione dei beni sequestrati, l'art. 41, specificamente rivolto alla gestione delle aziende sequestrate e l'art. 43 sul rendiconto di gestione. Sono poi aggiunti gli artt. 41-*bis* (che si occupa degli strumenti finanziari per la gestione e la valorizzazione delle aziende sequestrate e confiscate), 41-*ter* (che istituisce tavoli provinciali permanenti sulle aziende sequestrate e confiscate, presso le prefetture-uffici territoriali del Governo) e 41-*quater* (che prevede attività di supporto tecnico delle aziende sequestrate e confiscate).

Parimenti novellata risulta la disciplina relativa alla destinazione dei beni confiscati di cui agli artt. 45 ss. del codice antimafia – ove viene introdotto (ad opera dell'art. 18 della riforma) un art. 45-*bis*, specificamente rivolto alla liberazione degli immobili e delle aziende – e quella relativa al regime fiscale e agli oneri economici di cui all'art. 51 del codice antimafia (modificato dall'art. 19 della riforma).

Merita particolare attenzione, ancora, l'intervento riformatore operato in riferimento alla tutela dei terzi e ai rapporti con le procedure concorsuali.

Viene prevista un'aggravante (con aumento di pena da un terzo alla metà) per una serie di delitti commessi da chi è sottoposto in via definitiva a una misura di prevenzione personale durante il periodo di applicazione e fino ai tre anni successivi all'esecuzione della misura. Viene aggiunto il riferimento al reato di scambio elettorale politicomafioso (art. 416-*ter* c.p.), a quello di assistenza agli associati (art. 418 c.p.) nonché a una serie di delitti contro la pubblica amministrazione.

Novità vengono introdotte in materia di documentazione e di informazione antimafia nonché con riferimento all'Agenzia nazionale per l'amministrazione e la destinazione dei beni sequestrati e confiscati alla criminalità organizzata.

Il legislatore non ha confinato i propri interventi al c.d. codice antimafia, ma ha apportato novità degne di nota anche al codice penale, al codice di rito e ad altre leggi speciali.

Quanto al codice penale la riforma inasprisce le pene prevista dall'art. 640-*bis* c.p. per il reato di truffa aggravata per il conseguimento di erogazioni pubbliche.

Viene coordinata la disciplina dell'esecuzione del sequestro con la normativa del codice antimafia: il giudice che dispone il sequestro nomina un amministratore giudiziario ai fini della gestione dell'azienda sequestrate, e i compiti del giudice delegato alla procedura sono svolti dal giudice che ha emesso il decreto di sequestro ovvero, nel caso di provvedimento emesso da organo collegiale, dal giudice delegato nominato dal tribunale.

Anche la legge sulla responsabilità amministrativa da reato degli enti (d.lgs. 231/2001) non va esente da modifiche: vengono introdotte sanzioni pecuniarie e interdittive in relazione alla commissione dei delitti di procurato ingresso illecito e favoreggiamento dell'immigrazione clandestina.

Particolare attenzione occorre porre, inoltre, alle modifiche che la riforma apporta alla disciplina della confisca c.d. allargata di cui all'art. 12-*sexies* del d.l. 306/1992 (conv. dalla l. 356/1992).

Anzitutto viene prevista (proprio come per la confisca di prevenzione) una corsia preferenziale nella trattazione dei processi nei quali vi siano beni sequestrati in funzione di tale misura ablativa. Inoltre, l'art. 31 della riforma ha provveduto ad apportare le seguenti ulteriori modifiche:

a. viene esteso il catalogo dei reati per i quali è possibile procedere alla confisca allargata, in particolare attraverso l'inserimento di un riferimento a tutti i reati di cui all'art. 51 comma 3-*bis* c.p.p.;

b. si esclude esplicitamente – in modo speculare a quanto si prevede ora anche all'art. 24 del codice antimafia – che la legittima provenienza dei beni possa essere giustificata adducendo che il denaro utilizzato per acquistarli sia provento o reimpiego di evasione fiscale;

c. si modifica l'art. 4-*bis* dell'art. 12-*sexies* in modo da assimilare la disciplina dell'amministrazione e destinazione dei beni sequestrati e confiscati a quella, contestualmente novellata, di cui al codice antimafia;

d. si stabilisce – mediante l'introduzione di un nuovo comma 4-*quinquies* – che i terzi, titolari di diritti reali o personali di godimento sui beni sequestrati di cui l'imputato risulti avere la disponibilità a qualsiasi titolo, devono essere citati nel processo di cognizione, al fine di garantire una maggiore tutela ai loro diritti difensivi;

e. si prevede espressamente – al comma 4-*sexies* – che il giudice competente a emettere i provvedimenti di confisca, anche per equivalente, è il giudice dell'esecuzione, il quale – in caso di richiesta di sequestro e contestuale confisca proposta dal p.m. – deve provvedere ai sensi dell'art. 667 comma 4 c.p.p., con possibilità di proporre opposizione entro trenta giorni dalla comunicazione o notificazione dello stesso;

f. viene poi introdotta, al comma 4-*septies*, una nuova, specifica ipotesi di confisca in assenza di (formale) condanna: si prevede infatti che la confisca allargata "diretta" (ma non quella per equivalente) possa essere applicata dal giudice d'appello o dalla Corte di cassazione quando, dopo che sia stata pronunciata sentenza di condanna in uno dei gradi di giudizio, il reato venga dichiarato estinto per prescrizione o per amnistia. In tal caso, si legge nella nuova disposizione, il giudice dovrà decidere sull'impugnazione "ai soli effetti della confisca, previo accertamento della responsabilità dell'imputato".

g. al comma 4-*octies* si prevede inoltre che, in caso di morte del soggetto nei cui confronti è stata disposta una confisca con sentenza di condanna definitiva, il procedimento inizia o prosegue, a norma dell'art. 666 c.p.p. nei confronti degli eredi o degli aventi causa;

h. è infine precisato, al comma 4-*novies*, che l'autorità giudiziaria competente ad amministrare i beni sequestrati è il giudice che ha disposto il sequestro o, laddove il sequestro sia disposto da un organo collegiale, il giudice delegato dal collegio.

Si devono infine menzionare le modifiche apportate dalla riforma all'art. 4 della l. n. 512/1999, relativo all'accesso al fondo di rotazione per la solidarietà alle vittime dei reati di tipo mafioso e all'art. 7-*bis* dell'ordinamento giudiziario, nel quale – tra l'altro – è introdotto un nuovo comma 2-*sexies*, con cui sono istituite – presso il tribunale del capoluogo del distretto e presso la corte di appello – sezioni o collegi *ad hoc*, specializzati nella trattazione in via esclusiva dei procedimenti di prevenzione, nell'intento di assicurarne un più celere svolgimento da parte dei magistrati dotati di una peculiare competenza nella materia.

Si chiude con le disposizioni di attuazione e transitorie (contenute negli artt. 35-38), preceduti da una disposizione contenente l'annunciata delega al Governo per la tutela del lavoro nell'ambito delle imprese sequestrate e confiscate (art. 34), al fine – tra l'altro – di adottare misure per l'emersione del lavoro irregolare e per il contrasto del caporalato, e di salvaguardare l'accesso all'integrazione salariale e agli altri ammortizzatori sociali.

Roma, 25 aprile 2018

ADC®.legal

DECRETO LEGISLATIVO 6 settembre 2011, n. 159

Codice delle leggi antimafia e delle misure di prevenzione, nonche' nuove disposizioni in materia di documentazione antimafia, a norma degli articoli 1 e 2 della legge 13 agosto 2010, n. 136.

LIBRO I
Le misure di prevenzione
Titolo I
LE MISURE DI PREVENZIONE PERSONALI
Capo I
Le misure di prevenzione personali applicate dal questore

IL PRESIDENTE DELLA REPUBBLICA
Visti gli articoli 76 e 87, quinto comma, della Costituzione; Visti gli articoli 1 e 2 della legge 13 agosto 2010, n. 136, recante piano straordinario contro le mafie, nonche' delega al Governo in materia di normativa antimafia; Ritenuto di procedere all'esercizio di entrambe le deleghe con un unico decreto legislativo; Vista la preliminare deliberazione del Consiglio dei Ministri, adottata nella riunione del 9 giugno 2011; Acquisiti i pareri delle competenti Commissioni della Camera dei deputati e del Senato della Repubblica; Vista la deliberazione del Consiglio dei Ministri, adottata nella riunione del 3 agosto 2011; Sulla proposta del Ministro della giustizia e del Ministro dell'interno, di concerto con il Ministro dell'economia e delle finanze e con il Ministro per la pubblica amministrazione e l'innovazione; Emana il seguente decreto legislativo:

Art. 1
Soggetti destinatari
1. I provvedimenti previsti dal presente capo si applicano a:

a) coloro che debbano ritenersi, sulla base di elementi di fatto, abitualmente dediti a traffici delittuosi;

b) coloro che per la condotta ed il tenore di vita debba ritenersi, sulla base di elementi di fatto, che vivono abitualmente, anche in parte, con i proventi di attivita' delittuose;

c) coloro che per il loro comportamento debba ritenersi, sulla base di elementi di fatto, **comprese le reiterate violazioni del foglio di via obbligatorio di cui all'articolo 2, nonche' dei divieti di frequentazione di determinati luoghi previsti dalla vigente normativa**, che sono dediti alla commissione di reati che offendono o mettono in pericolo l'integrita' fisica o morale dei minorenni, la sanita', la sicurezza o la tranquillita' pubblica.

Art. 2
Foglio di via obbligatorio
1. Qualora le persone indicate nell'articolo 1 siano pericolose per la sicurezza pubblica e si trovino fuori dei luoghi di residenza, il questore puo' rimandarvele con provvedimento motivato e con foglio di via obbligatorio, inibendo loro di ritornare, senza preventiva autorizzazione ovvero per un periodo non superiore a tre anni, nel comune dal quale sono allontanate.

Art. 3
Avviso orale
1. Il questore nella cui provincia la persona dimora puo' avvisare oralmente i soggetti di cui all'articolo 1 che esistono indizi a loro carico, indicando i motivi che li giustificano.

2. Il questore invita la persona a tenere una condotta conforme alla legge e redige il processo verbale dell'avviso al solo fine di dare allo stesso data certa.

3. La persona alla quale e' stato fatto l'avviso puo' in qualsiasi momento chiederne la revoca al questore che

provvede nei sessanta giorni successivi. Decorso detto termine senza che il questore abbia provveduto, la richiesta si intende accettata. Entro sessanta giorni dalla comunicazione del provvedimento di rigetto e' ammesso ricorso gerarchico al prefetto.

4. Con l'avviso orale il questore, quando ricorrono le condizioni di cui al comma 3, puo' imporre alle persone che risultino definitivamente condannate per delitti non colposi il divieto di possedere o utilizzare, in tutto o in parte, qualsiasi apparato di comunicazione radiotrasmittente, radar e visori notturni, indumenti e accessori per la protezione balistica individuale, mezzi di trasporto blindati o modificati al fine di aumentarne la potenza o la capacita' offensiva, ovvero comunque predisposti al fine di sottrarsi ai controlli di polizia, armi a modesta capacita' offensiva, riproduzioni di armi di qualsiasi tipo, compresi i giocattoli riproducenti armi, altre armi o strumenti, in libera vendita, in grado di nebulizzare liquidi o miscele irritanti non idonei ad arrecare offesa alle persone, prodotti pirotecnici di qualsiasi tipo, nonche' sostanze infiammabili e altri mezzi comunque idonei a provocare lo sprigionarsi delle fiamme, nonche' programmi informatici ed altri strumenti di cifratura o crittazione di conversazioni e messaggi.

5. Il questore puo', altresi', imporre il divieto di cui al comma 4 ai soggetti sottoposti alla misura della sorveglianza speciale, quando la persona risulti definitivamente condannata per delitto non colposo. 6. Il divieto di cui ai commi 4 e 5 e' opponibile davanti al tribunale in composizione monocratica.

Capo II
Le misure di prevenzione personali applicate dall'autorita' giudiziaria

Sezione I
Il procedimento applicativo
Art. 4
Soggetti destinatari

1. I provvedimenti previsti dal presente capo si applicano:

a) agli indiziati di appartenere alle associazioni di cui all'articolo 416-bis c.p.;

b) ai soggetti indiziati di uno dei reati previsti dall'articolo 51, comma 3-bis, del codice di procedura penale ovvero del delitto di cui all'articolo 12-quinquies, comma 1, del decreto-legge 8 giugno 1992, n. 306, convertito, con modificazioni, dalla legge 7 agosto 1992, n. 356, **o del delitto di cui all'articolo 418 del codice penale**;

c) ai soggetti di cui all'articolo 1;

d) **agli indiziati di uno dei reati previsti dall'articolo 51, comma 3-quater, del codice di procedura penale e a coloro che, operanti in gruppi o isolatamente, pongano in essere atti preparatori, obiettivamente rilevanti, ovvero esecutivi diretti a sovvertire l'ordinamento dello Stato, con la commissione di uno dei reati previsti dal capo I del titolo VI del libro II del codice penale o dagli articoli 284, 285, 286, 306, 438, 439, 605 e 630 dello stesso codice, nonche' alla commissione dei reati con finalita' di terrorismo anche internazionale ovvero a prendere parte ad un conflitto in territorio estero a sostegno di un'organizzazione che persegue le finalita' terroristiche di cui all'articolo 270-sexies del codice penale**;

e) a coloro che abbiano fatto parte di associazioni politiche disciolte ai sensi della legge 20 giugno 1952, n. 645, e nei confronti dei quali debba ritenersi, per il comportamento successivo, che continuino a svolgere una attivita' analoga a quella precedente;

f) a coloro che compiano atti preparatori, obiettivamente rilevanti, **ovvero esecutivi** diretti alla ricostituzione del partito fascista ai sensi dell'articolo 1 della legge n. 645 del 1952, in particolare con l'esaltazione o la pratica della violenza;

g) fuori dei casi indicati nelle lettere d), e) ed f), siano stati condannati per uno dei delitti previsti nella legge 2 ottobre 1967, n. 895, e negli articoli 8 e seguenti della legge 14 ottobre 1974, n. 497, e successive modificazioni, quando debba ritenersi, per il loro comportamento successivo, che siano proclivi a commettere un reato della stessa specie col fine indicato alla lettera d);

h) agli istigatori, ai mandanti e ai finanziatori dei reati indicati nelle lettere precedenti. E' finanziatore colui il quale fornisce somme di denaro o altri beni, conoscendo lo scopo cui sono destinati;

i) alle persone indiziate di avere agevolato gruppi o persone che hanno preso parte attiva, in piu' occasioni, alle manifestazioni di violenza di cui all'articolo 6 della legge 13 dicembre 1989, n. 401, nonche' alle persone che, per il loro comportamento, debba ritenersi, anche sulla base della partecipazione in piu' occasioni alle medesime manifestazioni, ovvero della reiterata applicazione nei loro confronti del divieto previsto dallo stesso articolo, che sono dediti alla commissione di reati che mettono in pericolo l'ordine e la sicurezza pubblica, ovvero l'incolumita' delle persone in occasione o a causa dello svolgimento di manifestazioni sportive.

i-bis) **ai soggetti indiziati del delitto di cui all'articolo 640-bis o del delitto di cui all'articolo 416 del codice penale, finalizzato alla commissione di taluno dei delitti di cui agli articoli 314, primo comma, 316, 316-bis, 316-ter, 317, 318, 319, 319-ter, 319-quater, 320, 321, 322 e 322-bis del medesimo codice;**

i-ter) **ai soggetti indiziati del delitto di cui all'articolo 612-bis del codice penale.**

Art. 5
Titolarita' della proposta. Competenza

1. Nei confronti delle persone indicate all'articolo 4 possono essere proposte dal questore, dal procuratore nazionale antimafia, dal procuratore della Repubblica presso il tribunale del capoluogo di distretto ove dimora la persona e dal direttore della Direzione investigativa antimafia le misure di prevenzione della sorveglianza speciale di pubblica sicurezza e dell'obbligo di soggiorno nel comune di residenza o di dimora abituale.

2. Nei casi previsti dall'articolo 4, comma 1, lettere c), i), i-bis) e i-ter), le funzioni e le competenze spettanti al procuratore della Repubblica presso il tribunale del capoluogo del distretto sono attribuite anche al procuratore della Repubblica presso il tribunale nel cui circondario dimora la persona previo coordinamento con il procuratore della Repubblica presso il tribunale del capoluogo del distretto; nei medesimi casi, nelle udienze relative ai procedimenti per l'applicazione delle misure di prevenzione le funzioni di pubblico ministero possono essere esercitate anche dal procuratore della Repubblica presso il tribunale competente.

3. Salvo quanto previsto al comma 2, nelle udienze relative ai procedimenti per l'applicazione delle misure di prevenzione richieste ai sensi del presente decreto, le funzioni di pubblico ministero sono esercitate dal procuratore della Repubblica di cui al comma 1.

4. La proposta di cui al comma 1 deve essere depositata presso la cancelleria delle sezioni o dei collegi del tribunale del capoluogo del distretto, nel territorio del

quale la persona dimora, previsti dal comma 2-sexies dell'articolo 7-bis dell'ordinamento giudiziario, di cui al regio decreto 30 gennaio 1941, n. 12. Limitatamente ai tribunali di Trapani e Santa Maria Capua Vetere, la proposta di cui al comma 1 e' depositata presso la cancelleria delle sezioni o dei collegi specializzati in materia di misure di prevenzione ivi istituiti ai sensi del citato comma 2-sexies, ove la persona dimori **nel territorio, rispettivamente, delle province di Trapani e di Caserta.**

Art. 6
Tipologia delle misure e loro presupposti
1. Alle persone indicate nell'articolo 4, quando siano pericolose per la sicurezza pubblica, puo' essere applicata, nei modi stabiliti negli articoli seguenti, la misura di prevenzione della sorveglianza speciale di pubblica sicurezza.
2. **Salvi i casi di cui all'articolo 4, comma 1, lettere a) e b), alla sorveglianza speciale puo' essere aggiunto, ove le circostanze del caso lo richiedano, il divieto di soggiorno in uno o piu' comuni, diversi da quelli di residenza o di dimora abituale, o in una o piu' regioni.**
3. Nei casi in cui le altre misure di prevenzione non sono ritenute idonee alla tutela della sicurezza pubblica puo' essere imposto l'obbligo di soggiorno nel comune di residenza o di dimora abituale.
3-bis. Ai fini della tutela della sicurezza pubblica, gli obblighi e le prescrizioni inerenti alla sorveglianza speciale possono essere disposti, con il consenso dell'interessato ed accertata la disponibilita' dei relativi dispositivi, anche con le modalita' di controllo previste all'articolo 275-bis del codice di procedura penale.

Art. 7
Procedimento applicativo

1. **Il tribunale provvede, con decreto motivato, entro trenta giorni dal deposito della proposta. L'udienza si svolge senza la presenza del pubblico. Il presidente dispone che il procedimento si svolga in pubblica udienza quando l'interessato ne faccia richiesta.**
2. **Il presidente fissa la data dell'udienza e ne fa dare avviso alle parti, alle altre persone interessate e ai difensori. L'avviso e' comunicato o notificato almeno dieci giorni prima della data predetta e contiene la concisa esposizione dei contenuti della proposta. Se l'interessato e' privo di difensore, l'avviso e' dato a quello di ufficio.**
3. Fino a cinque giorni prima dell'udienza possono essere presentate memorie in cancelleria.
4. **L'udienza si svolge con la partecipazione necessaria del difensore e del pubblico ministero. Gli altri destinatari dell'avviso sono sentiti se compaiono. Se l'interessato e' detenuto o internato in luogo posto fuori della circoscrizione del giudice e ne fa tempestiva richiesta, la partecipazione all'udienza e' assicurata a distanza mediante collegamento audiovisivo ai sensi dell'articolo 146-bis, commi 3, 4, 5, 6 e 7, delle norme di attuazione, di coordinamento e transitorie del codice di procedura penale, di cui al decreto legislativo 28 luglio 1989, n. 271, salvo che il collegio ritenga necessaria la presenza della parte. Il presidente dispone altresi' la traduzione dell'interessato detenuto o internato in caso di indisponibilita' di mezzi tecnici idonei.**
4-bis. **Il tribunale, dopo l'accertamento della regolare costituzione delle parti, ammette le prove rilevanti, escludendo quelle vietate dalla legge o superflue.**

5. L'udienza e' rinviata se sussiste un legittimo impedimento dell'interessato che ha chiesto di essere sentito personalmente e che non sia detenuto o internato in luogo diverso da quello in cui ha sede il giudice. **L'udienza e' rinviata anche se sussiste un legittimo impedimento del difensore.**

6. **Ove l'interessato non intervenga e occorra la sua presenza per essere sentito, il presidente lo invita a comparire, avvisandolo che avra' la facolta' di non rispondere.**

7. Le disposizioni dei commi 2, 4, primo, secondo e terzo periodo, e 5, sono previste a pena di nullita'.

8. **Qualora il tribunale debba sentire soggetti informati su fatti rilevanti per il procedimento, il presidente del collegio puo' disporre l'esame a distanza nei casi e nei modi indicati all'articolo 147-bis, comma 2, delle norme di attuazione, di coordinamento e transitorie del codice di procedura penale, di cui al decreto legislativo 28 luglio 1989, n. 271.**

9. Per quanto non espressamente previsto dal presente decreto, si applicano, in quanto compatibili, le disposizioni contenute nell'articolo 666 del codice di procedura penale.

10. Le comunicazioni di cui al presente titolo possono essere effettuate con le modalita' previste dal decreto legislativo 7 marzo 2005, n. 82.

10-bis. **Le questioni concernenti la competenza per territorio devono essere rilevate o eccepite, a pena di decadenza, alla prima udienza e comunque subito dopo l'accertamento della regolare costituzione delle parti e il tribunale le decide immediatamente.**

10-ter. **Il tribunale, se ritiene la propria incompetenza, la dichiara con decreto e ordina la trasmissione degli atti al procuratore della Repubblica presso il** tribunale competente; la declaratoria di incompetenza non produce l'inefficacia degli elementi gia' acquisiti. **Le disposizioni del comma 10-bis si applicano anche qualora la proposta sia stata avanzata da soggetti non legittimati ai sensi dell'articolo 5.**

10-quater. Quando il tribunale dispone ai sensi del comma 10-ter, il sequestro perde efficacia se, entro venti giorni dal deposito del provvedimento che pronuncia l'incompetenza, il tribunale competente non provvede ai sensi dell'articolo 20. Il termine previsto dall'articolo 24, comma 2, decorre nuovamente dalla data del decreto di sequestro emesso dal tribunale competente.

10-quinquies. Il **decreto di accoglimento,** anche parziale, della proposta pone a carico del proposto il pagamento delle spese processuali.

10-sexies. Il **decreto del tribunale e'** depositato in cancelleria entro quindici giorni dalla conclusione dell'udienza.

10-septies. **Quando la stesura della motivazione e' particolarmente complessa, il tribunale, se ritiene di non poter depositare il decreto nel termine previsto dal comma 10-sexies, dopo le conclusioni delle parti, puo' indicare un termine piu' lungo, comunque non superiore a novanta giorni.**

10-octies. Al decreto del tribunale si applicano le disposizioni di cui all'articolo 154 delle norme di attuazione, di coordinamento e transitorie del codice di procedura penale, di cui al decreto legislativo 28 luglio 1989, n. 271.

Art. 8
Decisione

1. Il provvedimento del tribunale stabilisce la durata della misura di prevenzione che non puo' essere

inferiore ad un anno ne' superiore a cinque.

2. Qualora il tribunale disponga l'applicazione di una delle misure di prevenzione di cui all'articolo 6, nel provvedimento sono determinate le prescrizioni che la persona sottoposta a tale misura deve osservare.

3. A tale scopo, qualora la misura applicata sia quella della sorveglianza speciale di pubblica sicurezza e si tratti di persona indiziata di vivere con il provento di reati, il tribunale prescrive di darsi, entro un congruo termine, alla ricerca di un lavoro, di fissare la propria dimora, di farla conoscere nel termine stesso all'autorita' di pubblica sicurezza e di non allontanarsene senza preventivo avviso all'autorita' medesima.

4. In ogni caso, prescrive di vivere onestamente, di rispettare le leggi, e di non allontanarsi dalla dimora senza preventivo avviso all'autorita' locale di pubblica sicurezza; prescrive, altresi', di non associarsi abitualmente alle persone che hanno subito condanne e sono sottoposte a misure di prevenzione o di sicurezza, di non rincasare la sera piu' tardi e di non uscire la mattina piu' presto di una data ora e senza comprovata necessita' e, comunque, senza averne data tempestiva notizia all'autorita' locale di pubblica sicurezza, di non detenere e non portare armi, di non partecipare a pubbliche riunioni.

5. **Inoltre, puo' imporre tutte le prescrizioni che ravvisi necessarie, avuto riguardo alle esigenze di difesa sociale, e, in particolare, il divieto di soggiorno in uno o piu' comuni o in una o piu' regioni, ovvero, con riferimento ai soggetti di cui all'articolo 1, comma 1, lettera c), il divieto di avvicinarsi a determinati luoghi, frequentati abitualmente da minori.**

6. Qualora sia applicata la misura dell'obbligo di soggiorno nel comune di residenza o di dimora abituale o del divieto di soggiorno, puo' essere inoltre prescritto: 1) di non andare lontano dall'abitazione scelta senza preventivo avviso all'autorita' preposta alla sorveglianza; 2) di presentarsi all'autorita' di pubblica sicurezza preposta alla sorveglianza nei giorni indicati ed a ogni chiamata di essa.

7. Alle persone di cui al comma 6 e' consegnata una carta di permanenza da portare con se' e da esibire ad ogni richiesta degli ufficiali ed agenti di pubblica sicurezza.

8. Il provvedimento e' comunicato al procuratore della Repubblica, al procuratore generale presso la Corte di appello ed all'interessato **e al suo difensore**.

Art. 9
Provvedimenti d'urgenza

1. Se la proposta riguarda la misura della sorveglianza speciale con l'obbligo o il divieto di soggiorno, il presidente del tribunale, con decreto, nella pendenza del procedimento di cui all'articolo 7, puo' disporre il temporaneo ritiro del passaporto e la sospensione della validita' ai fini dell'espatrio di ogni altro documento equipollente.

2. Nel caso in cui sussistano motivi di particolare gravita', puo' altresi' disporre che alla persona denunciata sia imposto, in via provvisoria, l'obbligo o il divieto di soggiorno fino a quando non sia divenuta esecutiva la misura di prevenzione.

2-bis. **Nei casi di necessita' e urgenza, il Questore, all'atto della presentazione della proposta di applicazione delle misure di prevenzione della sorveglianza speciale e dell'obbligo di soggiorno nel comune di residenza o di dimora abituale nei confronti delle persone di cui** all'articolo 4, comma 1, lettera d), puo' disporre il temporaneo ritiro del passaporto e la sospensione della validita' ai fini dell'espatrio di ogni altro documento equipollente. Il temporaneo ritiro del passaporto e la sospensione della validita' ai fini dell'espatrio di ogni altro documento equipollente sono comunicati immediatamente al procuratore della Repubblica presso il tribunale del capoluogo del distretto ove dimora la persona, il quale, se non ritiene di disporne la cessazione, ne richiede la convalida, entro quarantotto ore, al presidente del tribunale del capoluogo della provincia in cui la persona dimora che provvede nelle successive quarantotto ore con le modalita' di cui al comma 1. Il ritiro del passaporto e la sospensione della validita' ai fini dell'espatrio di ogni altro documento equipollente cessano di avere effetto se la convalida non interviene nelle novantasei ore successive alla loro adozione.

Sezione II
Le impugnazioni
Art. 10
Impugnazioni

1. Il procuratore della Repubblica, il procuratore generale presso la corte di appello e l'interessato **e il suo difensore** hanno facolta' di proporre ricorso alla corte d'appello, anche per il merito.

1-bis. **Il procuratore della Repubblica, senza ritardo, trasmette il proprio fascicolo al procuratore generale presso la corte di appello competente per il giudizio di secondo grado. Al termine del procedimento di primo grado, il procuratore della Repubblica forma un fascicolo nel quale vengono raccolti tutti gli elementi investigativi e probatori eventualmente sopravvenuti dopo la decisione del tribunale. Gli atti inseriti nel** predetto fascicolo sono portati immediatamente a conoscenza delle parti, mediante deposito nella segreteria del procuratore generale.

2. Il ricorso non ha effetto sospensivo e deve essere proposto entro dieci giorni dalla comunicazione del provvedimento. La corte d'appello provvede, con decreto motivato, entro trenta giorni dalla proposizione del ricorso. L'udienza si svolge senza la presenza del pubblico. Il presidente dispone che il procedimento si svolga in pubblica udienza quando l'interessato ne faccia richiesta.

2-bis. **La corte di appello annulla il decreto di primo grado qualora riconosca che il tribunale era incompetente territorialmente e l'incompetenza sia stata riproposta nei motivi di impugnazione e ordina la trasmissione degli atti al procuratore della Repubblica competente; la declaratoria di incompetenza non produce l'inefficacia degli elementi gia' acquisiti. Si applica l'articolo 7, comma 10-quater, primo periodo.**

2-ter. **Le disposizioni del comma 2-bis si applicano anche qualora la proposta sia stata avanzata da soggetti non legittimati ai sensi dell'articolo 5 e l'eccezione sia stata riproposta nei motivi di impugnazione.**

3. Avverso il decreto della corte d'appello, e' ammesso ricorso in cassazione per violazione di legge, da parte del pubblico ministero e dell'interessato **e del suo difensore**, entro dieci giorni. La Corte di cassazione provvede, in camera di consiglio, entro trenta giorni dal ricorso. Il ricorso non ha effetto sospensivo.

3-bis. **In caso di ricorso per cassazione si applicano le disposizioni dei commi 2-bis e 2-ter, ove ricorrano le ipotesi ivi previste.**

4. Salvo quando e' stabilito nel presente decreto, per la proposizione e la decisione dei ricorsi, si osservano in quanto applicabili, le norme del codice di procedura penale riguardanti la proposizione e la decisione dei ricorsi relativi all'applicazione delle misure di sicurezza.

Sezione III
L'esecuzione
Art. 11
Esecuzione

1. Il provvedimento di applicazione delle misure di prevenzione e' comunicato al questore per l'esecuzione.

2. Il provvedimento stesso, su istanza dell'interessato e sentita l'autorita' di pubblica sicurezza che lo propose, puo' essere revocato o modificato dall'organo dal quale fu emanato, quando sia cessata o mutata la causa che lo ha determinato. Il provvedimento puo' essere altresi' modificato, anche per l'applicazione del divieto o dell'obbligo di soggiorno, su richiesta dell'autorita' proponente, quando ricorrono gravi esigenze di ordine e sicurezza pubblica o quando la persona sottoposta alla sorveglianza speciale abbia ripetutamente violato gli obblighi inerenti alla misura.

3. Il ricorso contro il provvedimento di revoca o di modifica non ha effetto sospensivo.

4. Nel caso di modificazione del provvedimento o di taluna delle prescrizioni per gravi esigenze di ordine e sicurezza pubblica, ovvero per violazione degli obblighi inerenti alla sorveglianza speciale, il presidente del tribunale puo', nella pendenza del procedimento, disporre con decreto l'applicazione provvisoria della misura, delle prescrizioni o degli obblighi richiesti con la proposta.

Art. 12

Autorizzazione ad allontanarsi dal comune di residenza o dimora abituale

1. Quando ricorrono gravi e comprovati motivi di salute, le persone sottoposte all'obbligo di soggiorno possono essere autorizzate a recarsi in un luogo determinato fuori del comune di residenza o di dimora abituale, ai fini degli accertamenti sanitari e delle cure indispensabili, allontanandosi per un periodo non superiore ai dieci giorni, oltre al tempo necessario per il viaggio. L'autorizzazione puo' essere concessa, nel medesimo limite temporale, anche quando ricorrono gravi e comprovati motivi di famiglia che rendano assolutamente necessario ed urgente l'allontanamento dal luogo di soggiorno coatto.

2. La domanda dell'interessato deve essere proposta al presidente del tribunale competente ai sensi dell'articolo 5.

3. Il tribunale, dopo aver accertato la veridicita' delle circostanze allegate dall'interessato, provvede in camera di consiglio con decreto motivato.

4. Nei casi di assoluta urgenza la richiesta puo' essere presentata al presidente del tribunale competente ai sensi dell'articolo 5, il quale puo' autorizzare il richiedente ad allontanarsi per un periodo non superiore a tre giorni, oltre al tempo necessario per il viaggio.

5. Il decreto previsto dai commi 3 e 4 e' comunicato al procuratore della Repubblica ed all'interessato che possono proporre ricorso per cassazione per violazione di legge. Il ricorso non ha effetto sospensivo.

6. Del decreto e' altresi' data notizia all'autorita' di pubblica sicurezza che esercita la vigilanza sul soggiornante obbligato, la quale provvede ad informare quella del luogo dove l'interessato deve

recarsi e a disporre le modalita' e l'itinerario del viaggio.

Art. 13
Rapporti della sorveglianza speciale con le misure di sicurezza e la liberta' vigilata

1. Quando sia stata applicata una misura di sicurezza detentiva o la liberta' vigilata, durante la loro esecuzione non si puo' far luogo alla sorveglianza speciale; se questa sia stata pronunciata, ne cessano gli effetti.

Art. 14
Decorrenza e cessazione della sorveglianza speciale

1. La sorveglianza speciale comincia a decorrere dal giorno in cui il decreto e' comunicato all'interessato e cessa di diritto allo scadere del termine nel decreto stesso stabilito, se il sorvegliato speciale non abbia, nel frattempo, commesso un reato.

2. Se nel corso del termine stabilito il sorvegliato commette un reato per il quale riporti successivamente condanna e la sorveglianza speciale non debba cessare, il tribunale verifica d'ufficio se la commissione di tale reato possa costituire indice della persistente pericolosita' dell'agente; in tale caso il termine ricomincia a decorrere dal giorno nel quale e' scontata la pena.

2-bis. **L'esecuzione della sorveglianza speciale resta sospesa durante il tempo in cui l'interessato e' sottoposto alla misura della custodia cautelare. In tal caso, salvo quanto stabilito dal comma 2, il termine di durata della misura di prevenzione continua a decorrere dal giorno nel quale e' cessata la misura cautelare, con redazione di verbale di sottoposizione agli obblighi.**

2-ter. **L'esecuzione della sorveglianza speciale resta sospesa durante il tempo in cui l'interessato e' sottoposto a detenzione per espiazione di pena. Dopo** la cessazione dello stato di detenzione, se esso si e' protratto per almeno due anni, il tribunale verifica, anche d'ufficio, sentito il pubblico ministero che ha esercitato le relative funzioni nel corso della trattazione camerale, la persistenza della pericolosita' sociale dell'interessato, assumendo le necessarie informazioni presso l'amministrazione penitenziaria e l'autorita' di pubblica sicurezza, nonche' presso gli organi di polizia giudiziaria. Al relativo procedimento si applica, in quanto compatibile, il disposto dell'articolo 7. Se persiste la pericolosita' sociale, il tribunale emette decreto con cui ordina l'esecuzione della misura di prevenzione, il cui termine di durata continua a decorrere dal giorno in cui il decreto stesso e' comunicato all'interessato, salvo quanto stabilito dal comma 2 del presente articolo. Se invece la pericolosita' sociale e' cessata, il tribunale emette decreto con cui revoca il provvedimento di applicazione della misura di prevenzione.

Art. 15
Rapporti dell'obbligo di soggiorno con la detenzione, le misure di sicurezza e la liberta' vigilata

1. Il tempo trascorso in custodia cautelare seguita da condanna o in espiazione di pena detentiva, anche se per effetto di conversione di pena pecuniaria, non e' computato nella durata dell'obbligo del soggiorno.

2. L'obbligo del soggiorno cessa di diritto se la persona obbligata e' sottoposta a misura di sicurezza detentiva. Se alla persona obbligata a soggiornare e' applicata la liberta' vigilata, la persona stessa vi e' sottoposta dopo la cessazione dell'obbligo del soggiorno.

Titolo II
LE MISURE DI PREVENZIONE PATRIMONIALI

Capo I
Il procedimento applicativo
Art. 16
Soggetti destinatari

1. Le disposizioni contenute nel presente titolo si applicano:

a) ai soggetti di cui all'articolo 4;

b) alle persone fisiche e giuridiche segnalate al Comitato per le sanzioni delle Nazioni Unite, o ad altro organismo internazionale competente per disporre il congelamento di fondi o di risorse economiche, quando vi sono fondati elementi per ritenere che i fondi o le risorse possano essere dispersi, occultati o utilizzati per il finanziamento di organizzazioni o attivita' terroristiche, anche internazionali.

2. Nei confronti dei soggetti di cui all'articolo 4, comma 1, lettera i), la misura di prevenzione patrimoniale della confisca puo' essere applicata relativamente ai beni, nella disponibilita' dei medesimi soggetti, che possono agevolare, in qualsiasi modo, le attivita' di chi prende parte attiva a fatti di violenza in occasione o a causa di manifestazioni sportive. Il sequestro effettuato nel corso di operazioni di polizia dirette alla prevenzione delle predette manifestazioni di violenza e' convalidato a norma dell'articolo 22, comma 2.

Art. 17
Titolarita' della proposta

1. **Nei confronti delle persone indicate all'articolo 16 possono essere proposte dal procuratore della Repubblica presso il tribunale del capoluogo del distretto ove dimora la persona, dal procuratore nazionale antimafia e antiterrorismo, dal questore o dal direttore della Direzione investigativa antimafia le misure di prevenzione patrimoniali di cui al presente titolo.**

2. **Nei casi previsti dall'articolo 4, comma 1, lettere c), i), i-bis) e i-ter), le funzioni e le competenze spettanti al procuratore della Repubblica presso il tribunale del capoluogo del distretto sono attribuite anche al procuratore della Repubblica presso il tribunale nel cui circondario dimora la persona, previo coordinamento con il procuratore della Repubblica presso il tribunale del capoluogo del distretto. Nei medesimi casi, nelle udienze relative ai procedimenti per l'applicazione delle misure di prevenzione, le funzioni di pubblico ministero possono essere esercitate anche dal procuratore della Repubblica presso il tribunale competente.**

3. Salvo quanto previsto al comma 2, nelle udienze relative ai procedimenti per l'applicazione delle misure di prevenzione richieste ai sensi del presente decreto, le funzioni di pubblico ministero sono esercitate dal procuratore della Repubblica di cui al comma 1.

3-bis. **Il procuratore della Repubblica presso il tribunale del capoluogo del distretto, attraverso il raccordo informativo con il questore e con il direttore della Direzione investigativa antimafia relativamente alle misure di prevenzione di cui al presente titolo, cura che non si arrechi pregiudizio alle attivita' di indagine condotte anche in altri procedimenti. A tal fine, il questore territorialmente competente e il direttore della Direzione investigativa antimafia sono tenuti a:**

a) **dare immediata comunicazione dei nominativi delle persone fisiche e giuridiche nei cui confronti sono disposti gli accertamenti personali o patrimoniali previsti dall'articolo 19;**

b) **tenere costantemente aggiornato e informato il procuratore della Repubblica**

presso il tribunale del capoluogo del distretto sullo svolgimento delle indagini;
c) dare comunicazione per iscritto della proposta al procuratore della Repubblica presso il tribunale del capoluogo del distretto almeno dieci giorni prima della sua presentazione al tribunale. La mancata comunicazione comporta l'inammissibilita' della proposta;
d) trasmettere al procuratore della Repubblica presso il tribunale del capoluogo del distretto, ove ritengano che non sussistano i presupposti per l'esercizio dell'azione di prevenzione, provvedimento motivato entro dieci giorni dall'adozione dello stesso.

Art. 18
Applicazione delle misure di prevenzione patrimoniali. Morte del proposto

1. Le misure di prevenzione personali e patrimoniali possono essere richieste e applicate disgiuntamente e, per le misure di prevenzione patrimoniali, indipendentemente dalla pericolosita' sociale del soggetto proposto per la loro applicazione al momento della richiesta della misura di prevenzione. 2. Le misure di prevenzione patrimoniali possono essere disposte anche in caso di morte del soggetto proposto per la loro applicazione. In tal caso il procedimento prosegue nei confronti degli eredi o comunque degli aventi causa.
3. Il procedimento di prevenzione patrimoniale puo' essere iniziato anche in caso di morte del soggetto nei confronti del quale potrebbe essere disposta la confisca; in tal caso la richiesta di applicazione della misura di prevenzione puo' essere proposta nei riguardi dei successori a titolo universale o particolare entro il termine di cinque anni dal decesso.
4. Il procedimento di prevenzione patrimoniale puo' essere iniziato o

proseguito anche in caso di assenza, residenza o dimora all'estero della persona alla quale potrebbe applicarsi la misura di prevenzione, su proposta dei soggetti di cui all'articolo 17 competenti per il luogo di ultima dimora dell'interessato, relativamente ai beni che si ha motivo di ritenere che siano il frutto di attivita' illecite o ne costituiscano il reimpiego. 5. Agli stessi fini il procedimento puo' essere iniziato o proseguito allorche' la persona e' sottoposta ad una misura di sicurezza detentiva o alla liberta' vigilata.

Art. 19
Indagini patrimoniali

1. I soggetti di cui all'articolo 17, commi 1 e 2, procedono, anche a mezzo della guardia di finanza o della polizia giudiziaria, ad indagini sul tenore di vita, sulle disponibilita' finanziarie e sul patrimonio dei soggetti indicati all'articolo 16 nei cui confronti possa essere proposta la misura di prevenzione della sorveglianza speciale della pubblica sicurezza con o senza divieto od obbligo di soggiorno, nonche', avvalendosi della guardia di finanza o della polizia giudiziaria, ad indagini sull'attivita' economica facente capo agli stessi soggetti allo scopo anche di individuare le fonti di reddito.
2. I soggetti di cui al comma 1 accertano, in particolare, se dette persone siano titolari di licenze, di autorizzazioni, di concessioni o di abilitazioni all'esercizio di attivita' imprenditoriali e commerciali, comprese le iscrizioni ad albi professionali e pubblici registri, se beneficiano di contributi, finanziamenti o mutui agevolati ed altre erogazioni dello stesso tipo, comunque denominate, concesse o erogate da parte dello Stato, degli enti pubblici o dell'Unione europea. 3. Le indagini sono effettuate anche nei

confronti del coniuge, dei figli e di coloro che nell'ultimo quinquennio hanno convissuto con i soggetti indicati al comma 1 nonche' nei confronti delle persone fisiche o giuridiche, societa', consorzi od associazioni, del cui patrimonio i soggetti medesimi risultano poter disporre in tutto o in parte, direttamente o indirettamente.

4. I soggetti di cui all'articolo 17, commi 1 e 2, possono richiedere, direttamente o a mezzo di ufficiali o agenti di polizia giudiziaria, ad ogni ufficio della pubblica amministrazione, ad ogni ente creditizio nonche' alle imprese, societa' ed enti di ogni tipo informazioni e copia della documentazione ritenuta utile ai fini delle indagini nei confronti dei soggetti di cui ai commi 1, 2 e 3. **Possono altresi' accedere, senza nuovi o maggiori oneri, al Sistema per l'interscambio di flussi dati (SID) dell'Agenzia delle entrate e richiedere quanto ritenuto utile ai fini delle indagini.** Previa autorizzazione del procuratore della Repubblica o del giudice procedente, gli ufficiali di polizia giudiziaria possono procedere al sequestro della documentazione con le modalita' di cui agli articoli 253, 254, e 255 del codice di procedura penale.

5. Nel corso del procedimento per l'applicazione di una delle misure di prevenzione iniziato nei confronti delle persone indicate nell'articolo 16, il tribunale, ove necessario, puo' procedere ad ulteriori indagini oltre quelle gia' compiute a norma dei commi che precedono.

Art. 20
Sequestro

1. **Il tribunale, anche d'ufficio, con decreto motivato, ordina il sequestro dei beni dei quali la persona nei cui confronti e' stata presentata la proposta risulta poter disporre, direttamente o**

indirettamente, quando il loro valore risulta sproporzionato al reddito dichiarato o all'attivita' economica svolta ovvero quando, sulla base di sufficienti indizi, si ha motivo di ritenere che gli stessi siano il frutto di attivita' illecite o ne costituiscano il reimpiego, ovvero dispone le misure di cui agli articoli 34 e 34-bis ove ricorrano i presupposti ivi previsti. Il tribunale, quando dispone il sequestro di partecipazioni sociali totalitarie, ordina il sequestro dei relativi beni costituiti in azienda ai sensi degli articoli 2555 e seguenti del codice civile, anche al fine di consentire gli adempimenti previsti dall'articolo 104 delle norme di attuazione, di coordinamento e transitorie del codice di procedura penale, di cui al decreto legislativo 28 luglio 1989, n. 271. In ogni caso il sequestro avente ad oggetto partecipazioni sociali totalitarie si estende di diritto a tutti i beni costituiti in azienda ai sensi degli articoli 2555 e seguenti del codice civile. Nel decreto di sequestro avente ad oggetto partecipazioni sociali il tribunale indica in modo specifico i conti correnti e i beni costituiti in azienda ai sensi degli articoli 2555 e seguenti del codice civile ai quali si estende il sequestro.

2. **Prima di ordinare il sequestro o disporre le misure di cui agli articoli 34 e 34-bis e di fissare l'udienza, il tribunale restituisce gli atti all'organo proponente quando ritiene che le indagini non siano complete e indica gli ulteriori accertamenti patrimoniali indispensabili per valutare la sussistenza dei presupposti di cui al comma 1 per l'applicazione del sequestro o delle misure di cui agli articoli 34 e 34-bis.**

3. **Il sequestro e' revocato dal tribunale quando risulta che esso ha per oggetto beni di legittima provenienza o dei quali**

l'indiziato non poteva disporre direttamente o indirettamente o in ogni altro caso in cui e' respinta la proposta di applicazione della misura di prevenzione patrimoniale. Il tribunale ordina le trascrizioni e le annotazioni consequenziali nei pubblici registri, nei libri sociali e nel registro delle imprese.

4. L'eventuale revoca del provvedimento non preclude l'utilizzazione ai fini fiscali degli elementi acquisiti nel corso degli accertamenti svolti ai sensi dell'articolo 19.

5. Il decreto di sequestro e il provvedimento di revoca, anche parziale, del sequestro sono comunicati, anche in via telematica, all'Agenzia di cui all'articolo 110 subito dopo la loro esecuzione.

Art. 21
Esecuzione del sequestro

1. Il sequestro e' eseguito con le modalita' previste dall'articolo 104 del decreto legislativo 28 luglio 1989, n. 271. **La polizia giudiziaria**, eseguite le formalita' ivi previste, procede all'apprensione materiale dei beni e all'immissione dell'amministratore giudiziario nel possesso degli stessi, anche se gravati da diritti reali o personali di godimento, con l'assistenza, **ove ritenuto opportuno, dell'ufficiale giudiziario.**

2. Il giudice delegato alla procedura ai sensi dell'articolo 35, comma 1, sentito l'amministratore giudiziario, valutate le circostanze, ordina lo sgombero degli immobili occupati senza titolo ovvero sulla scorta di titolo privo di data certa anteriore al sequestro, mediante l'ausilio della forza pubblica.

3. Il rimborso delle spese postali e dell'indennita' di trasferta spettante all'ufficiale giudiziario e' regolato dalla legge 7 febbraio 1979, n. 59.

Art. 22

Provvedimenti d'urgenza

1. Quando vi sia concreto pericolo che i beni di cui si prevede debba essere disposta la confisca vengano dispersi, sottratti od alienati, i soggetti di cui all'articolo 17, commi 1 e 2 possono, unitamente alla proposta, richiedere al presidente del tribunale competente per l'applicazione della misura di prevenzione di disporre anticipatamente il sequestro dei beni prima della fissazione dell'udienza. Il presidente del tribunale provvede con decreto motivato entro cinque giorni dalla richiesta. Il sequestro eventualmente disposto perde efficacia se non convalidato dal tribunale entro trenta giorni dalla proposta.

2. Nel corso del procedimento, a richiesta dei soggetti di cui al comma 1 o degli organi incaricati di svolgere ulteriori indagini a norma dell'articolo 19, comma 5, nei casi di particolare urgenza il sequestro e' disposto dal presidente del tribunale con decreto motivato e perde efficacia se non e' convalidato dal tribunale nei **trenta giorni** successivi. Analogamente si procede se, nel corso del procedimento, anche su segnalazione dell'amministratore giudiziario, emerge l'esistenza di altri beni che potrebbero formare oggetto di confisca.

2-bis. **Ai fini del computo del termine per la convalida si tiene conto delle cause di sospensione previste dall'articolo 24, comma 2.**

Art. 23
Procedimento applicativo

1. Salvo che sia diversamente disposto, al procedimento per l'applicazione di una misura di prevenzione patrimoniale si applicano, in quanto compatibili, le disposizioni dettate dal titolo I, capo II, sezione I.

2. I terzi che risultino proprietari o comproprietari dei beni sequestrati, nei

trenta giorni successivi all'esecuzione del sequestro, sono chiamati dal tribunale ad intervenire nel procedimento con decreto motivato che contiene la fissazione dell'udienza in camera di consiglio.

3. All'udienza gli interessati possono svolgere le loro deduzioni con l'assistenza di un difensore, nonche' chiedere l'acquisizione di ogni elemento utile ai fini della decisione sulla confisca. Se non ricorre l'ipotesi di cui all'articolo 24 il tribunale ordina la restituzione dei beni ai proprietari.

4. Il comma 2 si applica anche nei confronti dei terzi che vantano diritti reali o personali di godimento nonche' diritti reali di garanzia sui beni in sequestro. Se non ricorre l'ipotesi di cui all'articolo 26, per la liquidazione dei relativi diritti si applicano le disposizioni di cui al titolo IV del presente libro.

Art. 24
Confisca

1. Il tribunale dispone la confisca dei beni sequestrati di cui la persona nei cui confronti e' instaurato il procedimento non possa giustificare la legittima provenienza e di cui, anche per interposta persona fisica o giuridica, risulti essere titolare o avere la disponibilita' a qualsiasi titolo in valore sproporzionato al proprio reddito, dichiarato ai fini delle imposte sul reddito, o alla propria attivita' economica, nonche' dei beni che risultino essere frutto di attivita' illecite o ne costituiscano il reimpiego. In ogni caso il proposto non puo' giustificare la legittima provenienza dei beni adducendo che il denaro utilizzato per acquistarli sia provento o reimpiego dell'evasione fiscale. Se il tribunale non dispone la confisca, puo' applicare anche d'ufficio le misure di cui agli articoli 34 e 34-bis ove ricorrano i presupposti ivi previsti.

1-bis. Il tribunale, quando dispone la confisca di partecipazioni sociali totalitarie, ordina la confisca anche dei relativi beni costituiti in azienda ai sensi degli articoli 2555 e seguenti del codice civile. Nel decreto di confisca avente ad oggetto partecipazioni sociali il tribunale indica in modo specifico i conti correnti e i beni costituiti in azienda ai sensi degli articoli 2555 e seguenti del codice civile ai quali si estende la confisca.

2. Il provvedimento di sequestro perde efficacia se il tribunale non deposita il decreto che pronuncia la confisca entro un anno e sei mesi dalla data di immissione in possesso dei beni da parte dell'amministratore giudiziario. Nel caso di indagini complesse o compendi patrimoniali rilevanti, il termine di cui al primo periodo puo' essere prorogato con decreto motivato del tribunale per sei mesi. Ai fini del computo dei termini suddetti, si tiene conto delle cause di sospensione dei termini di durata della custodia cautelare, previste dal codice di procedura penale, in quanto compatibili; il termine resta sospeso per un tempo non superiore a novanta giorni ove sia necessario procedere all'espletamento di accertamenti peritali sui beni dei quali la persona nei cui confronti e' iniziato il procedimento risulta poter disporre, direttamente o indirettamente. Il termine resta altresi' sospeso per il tempo necessario per la decisione definitiva sull'istanza di ricusazione presentata dal difensore e per il tempo decorrente dalla morte del proposto, intervenuta durante il procedimento, fino all'identificazione e alla citazione dei soggetti previsti dall'articolo 18, comma 2, nonche' durante la pendenza dei termini previsti dai commi 10-sexies, 10-septies e 10-octies dell'articolo 7.

2-bis. Con il provvedimento di revoca o di annullamento definitivi del decreto di confisca e' ordinata la cancellazione di tutte le trascrizioni e le annotazioni.

3. Il sequestro e la confisca possono essere adottati, su richiesta dei soggetti di cui all'articolo 17, commi 1 e 2, quando ne ricorrano le condizioni, anche dopo l'applicazione di una misura di prevenzione personale. Sulla richiesta provvede lo stesso tribunale che ha disposto la misura di prevenzione personale, con le forme previste per il relativo procedimento e rispettando le disposizioni del presente titolo.

Art. 25
Sequestro e confisca per equivalente

1. Dopo la presentazione della proposta, se non e' possibile procedere al sequestro dei beni di cui all'articolo 20, comma 1, perche' il proposto non ne ha la disponibilita', diretta o indiretta, anche ove trasferiti legittimamente in qualunque epoca a terzi in buona fede, il sequestro e la confisca hanno ad oggetto altri beni di valore equivalente e di legittima provenienza dei quali il proposto ha la disponibilita', anche per interposta persona.

2. Nei casi di cui all'articolo 18, commi 2 e 3, si procede con le modalita' di cui al comma 1 del presente articolo nei riguardi dei soggetti nei cui confronti prosegue o inizia il procedimento con riferimento a beni di legittima provenienza loro pervenuti dal proposto.

Art. 26
Intestazione fittizia

1. Quando accerta che taluni beni sono stati fittiziamente intestati o trasferiti a terzi, con il decreto che dispone la confisca il giudice dichiara la nullita' dei relativi atti di disposizione.

2. Ai fini di cui al comma 1, fino a prova contraria si presumono fittizi:

a) i trasferimenti e le intestazioni, anche a titolo oneroso, effettuati nei due anni antecedenti la proposta della misura di prevenzione nei confronti dell'ascendente, del discendente, del coniuge o della persona stabilmente convivente, nonche' dei parenti entro il sesto grado e degli affini entro il quarto grado; b) i trasferimenti e le intestazioni, a titolo gratuito o fiduciario, effettuati nei due anni antecedenti la proposta della misura di prevenzione.

Capo II
Le impugnazioni
Art. 27
Comunicazioni e impugnazioni

1. I provvedimenti con i quali il tribunale dispone la confisca dei beni sequestrati, l'applicazione, il diniego o la revoca del sequestro, il rigetto della richiesta di confisca anche qualora non sia stato precedentemente disposto il sequestro ovvero la restituzione della cauzione o la liberazione delle garanzie o la confisca della cauzione o l'esecuzione sui beni costituiti in garanzia sono comunicati senza indugio al procuratore generale presso la corte di appello, al procuratore della Repubblica e agli interessati.

2. Per le impugnazioni contro detti provvedimenti si applicano le disposizioni previste dall'articolo 10. I provvedimenti che dispongono la confisca dei beni sequestrati, la confisca della cauzione o l'esecuzione sui beni costituiti in garanzia diventano esecutivi con la definitivita' delle relative pronunce.

3. I provvedimenti del tribunale che dispongono la revoca del sequestro divengono esecutivi dieci giorni dopo la comunicazione alle parti, salvo che il pubblico ministero, entro tale termine, ne chieda la sospensione alla corte di appello. In tal caso, se la corte entro dieci giorni dalla sua presentazione non

accoglie la richiesta, il provvedimento diventa esecutivo; altrimenti la esecutivita' resta sospesa fino a quando nel procedimento di prevenzione sia intervenuta pronuncia definitiva in ordine al sequestro. Il provvedimento che, accogliendo la richiesta del pubblico ministero, sospende l'esecutivita' puo' essere in ogni momento revocato dal giudice che procede.

3-bis. **I provvedimenti della corte di appello che, in riforma del decreto di confisca emesso dal tribunale, dispongono la revoca del sequestro divengono esecutivi dieci giorni dopo la comunicazione alle parti, salvo che il procuratore generale, entro tale termine, ne chieda la sospensione alla medesima corte di appello. In tal caso, se la corte entro dieci giorni dalla sua presentazione non accoglie la richiesta, il provvedimento diventa esecutivo; altrimenti l'esecutivita' resta sospesa fino a quando nel procedimento di prevenzione sia intervenuta pronuncia definitiva.**

4. In caso di impugnazione, il cancelliere presso il giudice investito del gravame da' immediata notizia al tribunale che ha emesso il provvedimento della definitivita' della pronuncia.

5. Dopo l'esercizio dell'azione di prevenzione, e comunque quando il pubblico ministero lo autorizza, gli esiti delle indagini patrimoniali sono trasmessi al competente nucleo di polizia tributaria della Guardia di Finanza a fini fiscali.

6. In caso di appello, il provvedimento di confisca perde efficacia se la corte d'appello non si pronuncia entro un anno e sei mesi dal deposito del ricorso. Si applica l'articolo 24, comma 2.

6-bis. **Nel caso di annullamento del decreto di confisca con rinvio al tribunale, anche ove disposto ai sensi dei commi 2-bis e 3-bis dell'articolo 10, il termine previsto dal comma 2 dell'articolo 24 decorre nuovamente dalla ricezione degli atti presso la cancelleria del tribunale stesso.**

Capo III
La revocazione della confisca
Art. 28
Revocazione della confisca

1. La revocazione della decisione definitiva sulla confisca di prevenzione puo' essere richiesta, nelle forme previste dagli articoli 630 e seguenti del codice di procedura penale, in quanto compatibili, alla corte di appello individuata secondo i criteri di cui all'articolo 11 dello stesso codice:

a) in caso di scoperta di prove nuove decisive, sopravvenute alla conclusione del procedimento;

b) quando i fatti accertati con sentenze penali definitive, sopravvenute o conosciute in epoca successiva alla conclusione del procedimento di prevenzione, escludano in modo assoluto l'esistenza dei presupposti di applicazione della confisca;

c) quando la decisione sulla confisca sia stata motivata, unicamente o in modo determinante, sulla base di atti riconosciuti falsi, di falsita' nel giudizio ovvero di un fatto previsto dalla legge come reato.

2. In ogni caso, la revocazione puo' essere richiesta solo al fine di dimostrare il difetto originario dei presupposti per l'applicazione della misura.

3. La richiesta di revocazione e' proposta, a pena di inammissibilita', entro sei mesi dalla data in cui si verifica uno dei casi di cui al comma 1, salvo che l'interessato dimostri di non averne avuto conoscenza per causa a lui non imputabile.

4. **Quando accoglie la richiesta di revocazione, la corte di appello provvede, ove del caso, ai sensi dell'articolo 46.**

Capo IV
Rapporti con i procedimenti penali
Art. 29
Indipendenza dall'esercizio dell'azione penale

1. L'azione di prevenzione puo' essere esercitata anche indipendentemente dall'esercizio dell'azione penale.

Art. 30
Rapporti con sequestro e confisca disposti in seno a procedimenti penali

1. Il sequestro e la confisca di prevenzione possono essere disposti anche in relazione a beni gia' sottoposti a sequestro in un procedimento penale. In tal caso la custodia giudiziale dei beni sequestrati nel processo penale viene affidata all'amministratore giudiziario, il quale provvede alla gestione dei beni stessi ai sensi del titolo III. Questi comunica al giudice del procedimento penale, previa autorizzazione del tribunale che ha disposto la misura di prevenzione, copia delle relazioni periodiche. In caso di revoca del sequestro o della confisca di prevenzione, il giudice del procedimento penale provvede alla nomina di un nuovo custode, **salvo che ritenga di confermare quello gia' nominato nel procedimento di prevenzione**. Nel caso previsto dall'articolo 104-bis disp. att. c.p.p., l'amministratore giudiziario nominato nel procedimento penale prosegue la propria attivita' nel procedimento di prevenzione, salvo che il tribunale, con decreto motivato e sentita l'Agenzia nazionale per l'amministrazione e la destinazione dei beni sequestrati e confiscati alla criminalita' organizzata, di seguito denominata «Agenzia», non provveda alla sua revoca e sostituzione.

2. Nel caso previsto dal comma 1, primo periodo, se la confisca definitiva di prevenzione interviene prima della sentenza irrevocabile di condanna che dispone la confisca dei medesimi beni in sede penale, si procede in ogni caso alla gestione, vendita, assegnazione o destinazione ai sensi del titolo III. Il giudice, ove successivamente disponga la confisca in sede penale, dichiara la stessa gia' eseguita in sede di prevenzione.

3. Se la sentenza irrevocabile di condanna che dispone la confisca interviene prima della confisca definitiva di prevenzione, **il tribunale, ove abbia disposto il sequestro e sia ancora in corso il procedimento di prevenzione, dichiara, con decreto, che la stessa e' stata gia' eseguita in sede penale.**

4. Nei casi previsti dai commi 2 e 3, in ogni caso la successiva confisca viene trascritta, iscritta o annotata ai sensi dell'articolo 21.

5. Le disposizioni di cui ai commi 1 e 2 si applicano anche nel caso in cui il sequestro disposto nel corso di un giudizio penale sopravvenga al sequestro o alla confisca di prevenzione.

Capo V
Le misure di prevenzione patrimoniali diverse dalla confisca
Art. 31
Cauzione. Garanzie reali

1. Il tribunale, con l'applicazione della misura di prevenzione, dispone che la persona sottoposta a tale misura versi presso la cassa delle ammende una somma, a titolo di cauzione, di entita' che, tenuto conto anche delle sue condizioni economiche e dei provvedimenti adottati a norma dell'articolo 22, costituisca un'efficace remora alla violazione delle prescrizioni imposte.

2. Fuori dei casi previsti dall'articolo 9, il tribunale puo' imporre alla persona

denunciata, in via provvisoria e qualora ne ravvisi l'opportunita', le prescrizioni previste dall'articolo 8, commi 3 e 4. Con il provvedimento, il tribunale puo' imporre la cauzione di cui al comma 1.

3. Il deposito puo' essere sostituito, su istanza dell'interessato, dalla presentazione di idonee garanzie reali. Il tribunale provvede circa i modi di custodia dei beni dati in pegno e dispone, riguardo ai beni immobili, che il decreto con il quale accogliendo l'istanza dell'interessato e' disposta l'ipoteca legale sia trascritto presso l'ufficio delle conservatorie dei registri immobiliari del luogo in cui i beni medesimi si trovano. Le spese relative alle garanzie reali previste dal presente comma sono anticipate dall'interessato **secondo le modalita' stabilite dal tribunale. Il tribunale puo' disporre, in relazione alle condizioni economiche della persona sottoposta alla misura di prevenzione, che la cauzione sia pagata in rate mensili.**

4. Quando sia cessata l'esecuzione della misura di prevenzione o sia rigettata la proposta, il tribunale dispone con decreto la restituzione del deposito o la liberazione della garanzia.

5. Le misure patrimoniali cautelari previste dal presente articolo mantengono la loro efficacia per tutta la durata della misura di prevenzione e non possono essere revocate, neppure in parte, se non per comprovate gravi necessita' personali o familiari.

Art. 32
Confisca della cauzione

1. In caso di violazione degli obblighi o dei divieti derivanti dall'applicazione della misura di prevenzione, il tribunale dispone la confisca della cauzione oppure che si proceda ad esecuzione sui beni costituiti in garanzia, sino a concorrenza dell'ammontare della cauzione. Per l'esecuzione, a cura del cancelliere, si osservano le disposizioni dei primi due titoli del libro terzo del codice di procedura civile in quanto applicabili, ed escluse, riguardo ai beni costituiti in garanzia, le formalita' del pignoramento.

2. Qualora, emesso il provvedimento di cui al comma 1, permangano le condizioni che giustificarono la cauzione, il tribunale, su richiesta del procuratore della Repubblica o del questore e con le forme previste per il procedimento di prevenzione, dispone che la cauzione sia rinnovata, anche per somma superiore a quella originaria.

3. Le spese relative all'esecuzione prevista dal comma 1 sono anticipate dallo Stato.

Art. 33
L'amministrazione giudiziaria dei beni personali

1. Nei confronti dei soggetti indicati nell'articolo 4, comma 1, lettere c), d), e), f), g) ed h) il tribunale puo' aggiungere ad una delle misure di prevenzione previste dall'articolo 6, quella dell'amministrazione giudiziaria dei beni personali, esclusi quelli destinati all'attivita' professionale o produttiva, quando ricorrono sufficienti indizi che la libera disponibilita' dei medesimi agevoli comunque la condotta, il comportamento o l'attivita' socialmente pericolosa.

2. Il tribunale puo' applicare soltanto l'amministrazione giudiziaria se ritiene che essa sia sufficiente ai fini della tutela della collettivita'.

3. L'amministrazione giudiziaria puo' essere imposta per un periodo non eccedente i 5 anni. Alla scadenza puo' essere rinnovata se permangono le condizioni in base alle quali e' stata applicata.

4. Con il provvedimento con cui applica l'amministrazione giudiziaria dei beni il

giudice nomina l'amministratore giudiziario di cui all'articolo 35.

Art. 34
L'amministrazione giudiziaria dei beni connessi ad attivita' economiche e delle aziende.

1. Quando, a seguito degli accertamenti di cui all'articolo 19 o di quelli compiuti per verificare i pericoli di infiltrazione mafiosa, previsti dall'articolo 92, ovvero di quelli compiuti ai sensi dell'articolo 213 del codice dei contratti pubblici, di cui al decreto legislativo 18 aprile 2016, n. 50, dall'Autorita' nazionale anticorruzione, sussistono sufficienti indizi per ritenere che il libero esercizio di determinate attivita' economiche, comprese quelle di carattere imprenditoriale, sia direttamente o indirettamente sottoposto alle condizioni di intimidazione o di assoggettamento previste dall'articolo 416-bis del codice penale o possa comunque agevolare l'attivita' di persone nei confronti delle quali e' stata proposta o applicata una delle misure di prevenzione personale o patrimoniale previste dagli articoli 6 e 24 del presente decreto, ovvero di persone sottoposte a procedimento penale per taluno dei delitti di cui all'articolo 4, comma 1, lettere a), b) e i-bis), del presente decreto, ovvero per i delitti di cui agli articoli 603-bis, 629, 644, 648-bis e 648-ter del codice penale, e non ricorrono i presupposti per l'applicazione delle misure di prevenzione patrimoniali di cui al capo I del presente titolo, il tribunale competente per l'applicazione delle misure di prevenzione nei confronti delle persone sopraindicate dispone l'amministrazione giudiziaria delle aziende o dei beni utilizzabili, direttamente o indirettamente, per lo svolgimento delle predette attivita' economiche, su proposta dei soggetti di cui al comma 1 dell'articolo 17 del presente decreto.

2. L'amministrazione giudiziaria dei beni e' adottata per un periodo non superiore a un anno e puo' essere prorogata di ulteriori sei mesi per un periodo comunque non superiore complessivamente a due anni, a richiesta del pubblico ministero o d'ufficio, a seguito di relazione dell'amministratore giudiziario che evidenzi la necessita' di completare il programma di sostegno e di aiuto alle imprese amministrate e la rimozione delle situazioni di fatto e di diritto che avevano determinato la misura.

3. Con il provvedimento di cui al comma 1, il tribunale nomina il giudice delegato e l'amministratore giudiziario, il quale esercita tutte le facolta' spettanti ai titolari dei diritti sui beni e sulle aziende oggetto della misura. Nel caso di imprese esercitate in forma societaria, l'amministratore giudiziario puo' esercitare i poteri spettanti agli organi di amministrazione e agli altri organi sociali secondo le modalita' stabilite dal tribunale, tenuto conto delle esigenze di prosecuzione dell'attivita' d'impresa, senza percepire ulteriori emolumenti.

4. Il provvedimento di cui al comma 1 e' eseguito sui beni aziendali con l'immissione dell'amministratore nel possesso e con l'iscrizione nel registro tenuto dalla camera di commercio, industria, artigianato e agricoltura nel quale e' iscritta l'impresa. Qualora oggetto della misura siano beni immobili o altri beni soggetti a iscrizione in pubblici registri, il provvedimento di cui al comma 1 deve essere trascritto nei medesimi pubblici registri.

5. L'amministratore giudiziario adempie agli obblighi di relazione e segnalazione di cui all'articolo 36, comma 2, anche nei

confronti del pubblico ministero. Si applicano, in quanto compatibili, le disposizioni di cui ai capi I e II del titolo III del presente libro.

6. Entro la data di scadenza dell'amministrazione giudiziaria dei beni o del sequestro di cui al comma 7, il tribunale, qualora non disponga il rinnovo del provvedimento, delibera in camera di consiglio la revoca della misura disposta ed eventualmente la contestuale applicazione del controllo giudiziario di cui all'articolo 34-bis, ovvero la confisca dei beni che si ha motivo di ritenere che siano il frutto di attivita' illecite o ne costituiscano il reimpiego. Alla camera di consiglio partecipano il giudice delegato e il pubblico ministero. Al procedimento si applicano, in quanto compatibili, le disposizioni previste dal titolo I, capo II, sezione I, del presente libro. Per le impugnazioni contro i provvedimenti di revoca con controllo giudiziario e di confisca si applicano le disposizioni previste dall'articolo 27.

7. Quando vi sia concreto pericolo che i beni sottoposti al provvedimento di cui al comma 1 vengano dispersi, sottratti o alienati, nei casi in cui si ha motivo di ritenere che i beni siano frutto di attivita' illecite o ne costituiscano l'impiego, i soggetti di cui all'articolo 17 possono richiedere al tribunale di disporne il sequestro, osservate, in quanto applicabili, le disposizioni previste dal presente titolo. Il sequestro e' disposto sino alla scadenza del termine stabilito a norma del comma 2.

Art. 34-bis
Controllo giudiziario delle aziende
1. Quando l'agevolazione prevista dal comma 1 dell'articolo 34 risulta occasionale, il tribunale dispone, anche d'ufficio, il controllo giudiziario delle attivita' economiche e delle aziende di cui

al medesimo comma 1, se sussistono circostanze di fatto da cui si possa desumere il pericolo concreto di infiltrazioni mafiose idonee a condizionarne l'attivita'.

2. Il controllo giudiziario e' adottato dal tribunale per un periodo non inferiore a un anno e non superiore a tre anni. Con il provvedimento che lo dispone, il tribunale puo':

a) imporre nei confronti di chi ha la proprieta', l'uso o l'amministrazione dei beni e delle aziende di cui al comma 1 l'obbligo di comunicare al questore e al nucleo di polizia tributaria del luogo di dimora abituale, ovvero del luogo in cui si trovano i beni se si tratta di residenti all'estero, ovvero della sede legale se si tratta di un'impresa, gli atti di disposizione, di acquisto o di pagamento effettuati, gli atti di pagamento ricevuti, gli incarichi professionali, di amministrazione o di gestione fiduciaria ricevuti e gli altri atti o contratti indicati dal tribunale, di valore non inferiore a euro 7.000 o del valore superiore stabilito dal tribunale in relazione al reddito della persona o al patrimonio e al volume d'affari dell'impresa. Tale obbligo deve essere assolto entro dieci giorni dal compimento dell'atto e comunque entro il 31 gennaio di ogni anno per gli atti posti in essere nell'anno precedente;

b) nominare un giudice delegato e un amministratore giudiziario, il quale riferisce periodicamente, almeno bimestralmente, gli esiti dell'attivita' di controllo al giudice delegato e al pubblico ministero.

3. Con il provvedimento di cui alla lettera b) del comma 2, il tribunale stabilisce i compiti dell'amministratore giudiziario finalizzati alle attivita' di controllo e puo' imporre l'obbligo:

a) di non cambiare la sede, la denominazione e la ragione sociale, l'oggetto sociale e la composizione degli organi di amministrazione, direzione e vigilanza e di non compiere fusioni o altre trasformazioni, senza l'autorizzazione da parte del giudice delegato;

b) di adempiere ai doveri informativi di cui alla lettera a) del comma 2 nei confronti dell'amministratore giudiziario;

c) di informare preventivamente l'amministratore giudiziario circa eventuali forme di finanziamento della societa' da parte dei soci o di terzi;

d) di adottare ed efficacemente attuare misure organizzative, anche ai sensi degli articoli 6, 7 e 24-ter del decreto legislativo 8 giugno 2001, n. 231, e successive modificazioni;

e) di assumere qualsiasi altra iniziativa finalizzata a prevenire specificamente il rischio di tentativi di infiltrazione o condizionamento mafiosi.

4. Per verificare il corretto adempimento degli obblighi di cui al comma 3, il tribunale puo' autorizzare gli ufficiali e gli agenti di polizia giudiziaria ad accedere presso gli uffici dell'impresa nonche' presso uffici pubblici, studi professionali, societa', banche e intermediari mobiliari al fine di acquisire informazioni e copia della documentazione ritenute utili. Nel caso in cui venga accertata la violazione di una o piu' prescrizioni ovvero ricorrano i presupposti di cui al comma 1 dell'articolo 34, il tribunale puo' disporre l'amministrazione giudiziaria dell'impresa.

5. Il titolare dell'attivita' economica sottoposta al controllo giudiziario puo' proporre istanza di revoca. In tal caso il tribunale fissa l'udienza entro dieci giorni dal deposito dell'istanza e provvede nelle forme di cui all'articolo 127 del codice di procedura penale. All'udienza partecipano il giudice delegato, il pubblico ministero e, ove nominato, l'amministratore giudiziario.

6. Le imprese destinatarie di informazione antimafia interdittiva ai sensi dell'articolo 84, comma 4, che abbiano proposto l'impugnazione del relativo provvedimento del prefetto, possono richiedere al tribunale competente per le misure di prevenzione l'applicazione del controllo giudiziario di cui alla lettera b) del comma 2 del presente articolo. Il tribunale, sentiti il procuratore distrettuale competente e gli altri soggetti interessati, nelle forme di cui all'articolo 127 del codice di procedura penale, accoglie la richiesta, ove ne ricorrano i presupposti; successivamente, anche sulla base della relazione dell'amministratore giudiziario, puo' revocare il controllo giudiziario e, ove ne ricorrano i presupposti, disporre altre misure di prevenzione patrimoniali.

7. Il provvedimento che dispone l'amministrazione giudiziaria prevista dall'articolo 34 o il controllo giudiziario ai sensi del comma 6 del presente articolo sospende gli effetti di cui all'articolo 94.

Capo V-bis
Trattazione prioritaria del procedimento
Art. 34-ter
Trattazione prioritaria dei procedimenti di prevenzione patrimoniale

1. E' assicurata la priorita' assoluta nella trattazione dei procedimenti previsti dagli articoli 16 e seguenti del presente decreto.

2. I dirigenti degli uffici giudicanti e requirenti adottano i provvedimenti organizzativi necessari per assicurare la trattazione e la definizione prioritaria dei procedimenti di cui al comma 1 e il rispetto dei termini previsti. I provvedimenti sono tempestivamente comunicati al consiglio giudiziario e al

Consiglio superiore della magistratura. Il dirigente dell'ufficio comunica, sulla base delle indicazioni del Consiglio superiore della magistratura, con cadenza annuale, a tale organo e al Ministero della giustizia i dati sulla durata dei relativi procedimenti. Il Consiglio superiore della magistratura e il Ministero della giustizia valutano gli effetti dei provvedimenti adottati dai dirigenti degli uffici sulla trattazione prioritaria, sulla durata e sul rispetto dei termini dei procedimenti indicati al comma 1. In sede di comunicazioni sull'amministrazione della giustizia, ai sensi dell'articolo 86 dell'ordinamento giudiziario, di cui al regio decreto 30 gennaio 1941, n. 12, e successive modificazioni, il Ministro della giustizia riferisce alle Camere in merito alla trattazione dei procedimenti di cui al comma 1 del presente articolo.

Titolo III

L'AMMINISTRAZIONE, LA GESTIONE E LA DESTINAZIONE DEI BENI SEQUESTRATI E CONFISCATI

Capo I

L'amministrazione dei beni sequestrati e confiscati

Art. 35

Nomina e revoca dell'amministratore giudiziario

1. Con il provvedimento con il quale dispone il sequestro previsto dal capo I del titolo II del presente libro il tribunale nomina il giudice delegato alla procedura e un amministratore giudiziario. Qualora la gestione dei beni in stato di sequestro sia particolarmente complessa, anche avuto riguardo al numero dei comuni ove sono situati i beni immobili o i complessi aziendali o alla natura dell'attivita' aziendale da proseguire o al valore ingente del patrimonio, il tribunale puo' nominare piu' amministratori giudiziari.

In tal caso il tribunale stabilisce se essi possano operare disgiuntamente.

2. L'amministratore giudiziario e' scelto tra gli iscritti nell'Albo nazionale degli amministratori giudiziari secondo criteri di trasparenza che assicurano la rotazione degli incarichi tra gli amministratori, tenuto conto della natura e dell'entita' dei beni in stato di sequestro, delle caratteristiche dell'attivita' aziendale da proseguire e delle specifiche competenze connesse alla gestione. Con decreto del Ministro della giustizia, di concerto con il Ministro dell'interno e con il Ministro dello sviluppo economico, sono individuati criteri di nomina degli amministratori giudiziari e dei coadiutori che tengano conto del numero degli incarichi aziendali in corso, comunque non superiore a tre, della natura monocratica o collegiale dell'incarico, della tipologia e del valore dei compendi da amministrare, avuto riguardo anche al numero dei lavoratori, della natura diretta o indiretta della gestione, dell'ubicazione dei beni sul territorio, delle pregresse esperienze professionali specifiche. Con lo stesso decreto sono altresi' stabiliti i criteri per l'individuazione degli incarichi per i quali la particolare complessita' dell'amministrazione o l'eccezionalita' del valore del patrimonio da amministrare determinano il divieto di cumulo. L'amministratore giudiziario e' nominato con decreto motivato. All'atto della nomina l'amministratore giudiziario comunica al tribunale se e quali incarichi analoghi egli abbia in corso, anche se conferiti da altra autorita' giudiziaria o dall'Agenzia.

2-bis. L'amministratore giudiziario di aziende sequestrate e' scelto tra gli iscritti nella sezione di esperti in gestione aziendale dell'Albo nazionale degli amministratori giudiziari.

2-ter. Fermo restando quanto previsto dall'articolo 41-bis, comma 7, l'amministratore giudiziario di cui ai commi 2 e 2-bis puo' altresi' essere nominato tra il personale dipendente dell'Agenzia, di cui all'articolo 113-bis. In tal caso l'amministratore giudiziario dipendente dell'Agenzia, per lo svolgimento dell'incarico, non ha diritto ad emolumenti aggiuntivi rispetto al trattamento economico in godimento, ad eccezione del rimborso delle spese di cui al comma 9.

3. Non possono essere nominate le persone nei cui confronti il provvedimento e' stato disposto, il coniuge, i parenti, gli affini e le persone con esse conviventi, ne' le persone condannate a una pena che importi l'interdizione, anche temporanea, dai pubblici uffici o le pene accessorie previste dal regio decreto 16 marzo 1942, n. 267, o coloro cui sia stata irrogata una misura di prevenzione o nei confronti dei quali sia stato disposto il rinvio a giudizio per i reati di cui all'articolo 4 del presente decreto o per uno dei reati previsti dal libro II, titolo II, capo I, e titolo III, capo I, del codice penale. Non possono altresi' essere nominate le persone che abbiano svolto attivita' lavorativa o professionale in favore del proposto o delle imprese a lui riconducibili. Le stesse persone non possono, altresi', svolgere le funzioni di coadiutore o di diretto collaboratore dell'amministratore giudiziario nell'attivita' di gestione. Non possono assumere l'ufficio di amministratore giudiziario, ne' quelli di coadiutore o diretto collaboratore dell'amministratore giudiziario, il coniuge, i parenti fino al quarto grado, gli affini entro il secondo grado, i conviventi o commensali abituali del magistrato che conferisce l'incarico. Non possono altresi' assumere l'ufficio di amministratore giudiziario, ne' quelli di coadiutore o diretto collaboratore dell'amministratore giudiziario, i creditori o debitori del magistrato che conferisce l'incarico, del suo coniuge o dei suoi figli, ne' le persone legate da uno stabile rapporto di collaborazione professionale con il coniuge o i figli dello stesso magistrato, ne' i prossimi congiunti, i conviventi, i creditori o debitori del dirigente di cancelleria che assiste lo stesso magistrato.

4. L'amministratore giudiziario chiede al giudice delegato di essere autorizzato, ove necessario, a farsi coadiuvare, sotto la sua responsabilita', da tecnici o da altri soggetti qualificati. Ove la complessita' della gestione lo richieda, anche successivamente al sequestro, l'amministratore giudiziario organizza, sotto la sua responsabilita', un proprio ufficio di coadiuzione, la cui composizione e il cui assetto interno devono essere comunicati al giudice delegato indicando altresi' se e quali incarichi analoghi abbiano in corso i coadiutori, assicurando la presenza, nel caso in cui si tratti dei beni di cui all'articolo 10 del codice dei beni culturali e del paesaggio, di cui al decreto legislativo 22 gennaio 2004, n. 42, di uno dei soggetti indicati nell'articolo 9-bis del medesimo codice. Il giudice delegato ne autorizza l'istituzione tenuto conto della natura dei beni e delle aziende in stato di sequestro e degli oneri che ne conseguono.

5. L'amministratore giudiziario riveste la qualifica di pubblico ufficiale e deve adempiere con diligenza ai compiti del proprio ufficio. Egli ha il compito di provvedere alla gestione, alla custodia e alla conservazione dei beni sequestrati anche nel corso degli eventuali giudizi di

impugnazione, sotto la direzione del giudice delegato, al fine di incrementare, se possibile, la redditivita' dei beni medesimi.

6. L'amministratore giudiziario deve segnalare al giudice delegato l'esistenza di altri beni che potrebbero formare oggetto di sequestro di cui sia venuto a conoscenza nel corso della sua gestione.

7. In caso di grave irregolarita' o di incapacita' il tribunale, su proposta del giudice delegato, dell'Agenzia o d'ufficio, puo' disporre in ogni tempo la revoca dell'amministratore giudiziario, previa audizione dello stesso. Nei confronti dei coadiutori dell'Agenzia la revoca e' disposta dalla medesima Agenzia.

8. **L'amministratore giudiziario che, anche nel corso della procedura, cessa dal suo incarico, deve rendere il conto della gestione ai sensi dell'articolo 43.**

9. Nel caso di trasferimento fuori della residenza, all'amministratore giudiziario spetta il trattamento previsto dalle disposizioni vigenti per i dirigenti di seconda fascia dello Stato.

Art. 35-bis
Responsabilita' nella gestione e controlli della pubblica amministrazione

1. Fatti salvi i casi di dolo o colpa grave, sono esenti da responsabilita' civile l'amministratore giudiziario, il coadiutore nominato ai sensi dell'articolo 35, comma 4, e l'amministratore nominato ai sensi dell'articolo 41, comma 6, per gli atti di gestione compiuti nel periodo di efficacia del provvedimento di sequestro.

2. Dalla data del sequestro e sino all'approvazione del programma di cui all'articolo 41, comma 1, lettera c), gli accertamenti a qualsiasi titolo disposti sull'azienda sequestrata dalle pubbliche amministrazioni di cui all'articolo 1, comma 2, del decreto legislativo 30 marzo 2001, n. 165, e successive

modificazioni, sono notificati all'amministratore giudiziario. Per un periodo di sei mesi dalla notificazione dell'accertamento e' sospesa l'irrogazione delle sanzioni ed entro lo stesso termine l'amministratore giudiziario procede alla sanatoria delle violazioni eventualmente riscontrate, presentando apposita istanza alla pubblica amministrazione interessata, sentito il giudice delegato. Per la durata indicata nel periodo precedente rimangono sospesi i relativi termini di prescrizione.

3. Al fine di consentire la prosecuzione dell'attivita' dell'impresa sequestrata o confiscata, il prefetto della provincia rilascia all'amministratore giudiziario la nuova documentazione antimafia di cui all'articolo 84. Tale documentazione ha validita' per l'intero periodo di efficacia dei provvedimenti di sequestro e confisca dell'azienda e sino alla destinazione della stessa disposta ai sensi dell'articolo 48.

Art. 36
Relazione dell'amministratore giudiziario

1. L'amministratore giudiziario presenta al giudice delegato, entro trenta giorni dalla nomina, una relazione particolareggiata dei beni sequestrati. La relazione contiene:

a) l'indicazione, lo stato e la consistenza dei singoli beni ovvero delle singole aziende, nonche' i provvedimenti da adottare per la liberazione dei beni sequestrati;

b) il presumibile valore di mercato dei beni quale stimato dall'amministratore stesso;

c) gli eventuali diritti di terzi sui beni sequestrati;

d) in caso di sequestro di beni organizzati in azienda, l'indicazione della documentazione reperita e le eventuali difformita' tra gli elementi dell'inventario e quelli delle scritture contabili;

e) **l'indicazione delle forme di gestione piu' idonee e redditizie dei beni, anche ai fini delle determinazioni che saranno assunte dal tribunale ai sensi dell'articolo 41.**

2. La relazione di cui al comma 1 indica anche le eventuali difformita' tra quanto oggetto della misura e quanto appreso, nonche' l'esistenza di altri beni che potrebbero essere oggetto di sequestro, di cui l'amministratore giudiziario sia venuto a conoscenza. 3. Ove ricorrano giustificati motivi, il termine per il deposito della relazione puo' essere prorogato dal giudice delegato per non piu' di novanta giorni. Successivamente l'amministratore giudiziario redige, con la frequenza stabilita dal giudice, una relazione periodica sull'amministrazione, che trasmette anche all'Agenzia, esibendo, ove richiesto, i relativi documenti giustificativi.

4. **La cancelleria da' avviso alle parti del deposito della relazione dell'amministratore giudiziario ed esse possono prenderne visione ed estrarne copia limitatamente ai contenuti di cui alla lettera b) del comma 1. Ove siano formulate contestazioni motivate sulla stima dei beni entro venti giorni dalla ricezione dell'avviso, il tribunale, se non le ritiene inammissibili, sentite le parti, procede all'accertamento del presumibile valore di mercato dei beni medesimi nelle forme della perizia ai sensi degli articoli 220 e seguenti del codice di procedura penale. Fino alla conclusione della perizia, la gestione prosegue con le modalita' stabilite dal giudice delegato.**

Art. 37
Compiti dell'amministratore giudiziario

1. L'amministratore giudiziario, fermo restando quanto previsto dagli articoli 2214 e seguenti del codice civile, tiene un registro, preventivamente vidimato dal giudice delegato alla procedura, sul quale annota tempestivamente le operazioni relative alla sua amministrazione secondo i criteri stabiliti al comma 6. Con decreto emanato dal Ministro della giustizia, di concerto con il Ministro dell'economia e delle finanze, sono stabilite le norme per la tenuta del registro.

2. Nel caso di sequestro di azienda l'amministratore prende in consegna le scritture contabili e i libri sociali, sui quali devono essere annotati gli estremi del provvedimento di sequestro.

3. Le somme apprese, riscosse o ricevute a qualsiasi titolo dall'amministratore giudiziario in tale qualita', escluse quelle derivanti dalla gestione di aziende, affluiscono al Fondo unico giustizia di cui all'articolo 61, comma 23, del decreto-legge 25 giugno 2008, n. 112, convertito, con modificazioni, dalla legge 6 agosto 2008, n. 133. **Con decreto emanato dal Ministro dell'economia e delle finanze, di concerto con il Ministro della giustizia e con il Ministro dell'interno, sono stabilite le norme per la gestione dei ricavi derivanti dall'amministrazione dei beni immobili.**

4. Le somme di cui al comma 3 sono intestate alla procedura e i relativi prelievi possono essere effettuati nei limiti e con le modalita' stabilite dal giudice delegato.

5. L'amministratore giudiziario tiene contabilita' separata in relazione ai vari soggetti o enti proposti; tiene inoltre contabilita' separata della gestione e delle eventuali vendite dei singoli beni immobili oggetto di privilegio speciale ed ipoteca e dei singoli beni mobili o gruppo di mobili oggetto di pegno e privilegio speciale. Egli annota analiticamente in ciascun conto le entrate e le uscite di carattere specifico e la quota di quelle di

carattere generale imputabili a ciascun bene o gruppo di beni secondo un criterio proporzionale. Conserva altresi' i documenti comprovanti le operazioni effettuate e riporta analiticamente le operazioni medesime nelle relazioni periodiche presentate ai sensi dell'articolo 36.

Art. 38
Compiti dell'Agenzia

1. Fino al decreto di confisca di secondo grado emesso dalla corte di appello nei procedimenti di prevenzione, l'Agenzia svolge attivita' di ausilio e di supporto all'autorita' giudiziaria, con le modalita' previste dagli articoli 110, 111 e 112, proponendo altresi' al tribunale l'adozione di tutti i provvedimenti necessari per la migliore utilizzazione del bene in vista della sua destinazione o assegnazione.

2. All'Agenzia sono comunicati per via telematica i provvedimenti di modifica o revoca del sequestro e quelli di autorizzazione al compimento di atti di amministrazione straordinaria. L'Agenzia effettua le comunicazioni telematiche con l'autorita' giudiziaria attraverso il proprio sistema informativo, inserendo tutti i dati necessari per consentire quanto previsto dagli articoli 40, comma 3-ter, e 41, comma 2-ter. La mancata pubblicazione comporta responsabilita' dirigenziale ai sensi dell'articolo 46 del decreto legislativo 14 marzo 2013, n. 33.

3. Con il provvedimento di confisca emesso in giudizio di appello l'amministrazione dei beni e' conferita all'Agenzia, che ne cura la gestione fino all'emissione del provvedimento di destinazione. L'Agenzia si avvale, per la gestione, di un coadiutore individuato nell'amministratore giudiziario nominato dal tribunale, salvo che ricorrano le ipotesi di cui all'articolo 35, comma 7, o che sussistano altri giusti motivi. L'Agenzia comunica al tribunale il provvedimento di conferimento dell'incarico. L'incarico ha durata fino alla destinazione del bene, salvo che intervenga revoca espressa.

4. L'amministratore giudiziario, dopo il decreto di confisca di secondo grado emesso dalla corte di appello, provvede agli adempimenti di cui all'articolo 42 e all'approvazione del rendiconto della gestione giudiziale dinanzi al giudice delegato. Per l'attivita' di amministrazione condotta sotto la direzione dell'Agenzia il coadiutore predispone separato conto di gestione. L'Agenzia provvede all'approvazione del nuovo rendiconto della gestione.

5. L'Agenzia, entro un mese dalla comunicazione del deposito del provvedimento di confisca di secondo grado, pubblica nel proprio sito internet l'elenco dei beni immobili oggetto di confisca al fine di facilitare la richiesta di utilizzo da parte degli aventi diritto.

6. L'Agenzia promuove le intese con l'autorita' giudiziaria per assicurare, attraverso criteri di trasparenza, la rotazione degli incarichi degli amministratori, la corrispondenza tra i profili professionali e i beni sequestrati, nonche' la pubblicita' dei compensi percepiti, secondo modalita' stabilite con decreto emanato dal Ministro dell'interno e dal Ministro della giustizia.

7. Salvo che sia diversamente stabilito, le disposizioni del presente decreto relative all'amministratore giudiziario si applicano anche all'Agenzia, nei limiti delle competenze alla stessa attribuite ai sensi del comma 3.

Art. 39
Assistenza legale alla procedura

1. L'Avvocatura dello Stato assume la rappresentanza e la difesa

dell'amministratore giudiziario nelle controversie, anche in corso, concernenti rapporti relativi a beni sequestrati, qualora l'Avvocato generale dello Stato ne riconosca l'opportunita'.

1-bis. A tal fine, dopo che il giudice delegato lo ha autorizzato a stare in giudizio, l'amministratore giudiziario inoltra richiesta per via telematica all'Avvocatura dello Stato. Ove l'Avvocato generale dello Stato non si esprima entro cinque giorni, il giudice delegato puo' autorizzare la nomina di un libero professionista.

Capo II
La gestione dei beni sequestrati e confiscati
Art. 40
Gestione dei beni sequestrati

1. Il giudice delegato impartisce le direttive generali della gestione dei beni sequestrati, anche avvalendosi dell'attivita' di ausilio e supporto dell'Agenzia ai sensi degli articoli 110, 111 e 112.

2. Il giudice delegato puo' adottare, nei confronti della persona sottoposta alla procedura e della sua famiglia, i provvedimenti indicati nell'articolo 47, primo comma, del regio decreto 16 marzo 1942, n. 267, e successive modificazioni, quando ricorrano le condizioni ivi previste.

2-bis. Nel caso previsto dal secondo comma dell'articolo 47 del regio decreto 16 marzo 1942, n. 267, e, comunque, nei casi previsti dal comma 3-ter, primo periodo, del presente articolo, il tribunale, con decreto revocabile in ogni momento, dispone il differimento dell'esecuzione dello sgombero non oltre il decreto di confisca definitivo. Il beneficiario, pena la revoca del provvedimento, e' tenuto a corrispondere l'indennita' eventualmente determinata dal tribunale e a provvedere a sue cure alle spese e agli oneri inerenti all'unita' immobiliare; e' esclusa ogni azione di regresso. Il tribunale, con il provvedimento con cui rigetta la richiesta, dispone l'esecuzione dello sgombero se precedentemente differito.

3. L'amministratore giudiziario non puo' stare in giudizio ne' contrarre mutui, stipulare transazioni, compromessi, fideiussioni, concedere ipoteche, alienare immobili e compiere altri atti di straordinaria amministrazione, anche a tutela dei diritti dei terzi, senza autorizzazione scritta del giudice delegato.

3-bis. L'amministratore giudiziario, con l'autorizzazione scritta del giudice delegato, puo' locare o concedere in comodato i beni immobili, prevedendo la cessazione nei casi previsti dal comma 3-ter e comunque in data non successiva alla pronuncia della confisca definitiva.

3-ter. L'amministratore giudiziario, previa autorizzazione scritta del giudice delegato, anche su proposta dell'Agenzia, puo', in via prioritaria, concedere in comodato i beni immobili ai soggetti indicati nell'articolo 48, comma 3, lettera c), con cessazione alla data della confisca definitiva. Il tribunale, su proposta del giudice delegato, qualora non si sia gia' provveduto, dispone l'esecuzione immediata dello sgombero, revocando, se necessario, i provvedimenti emessi ai sensi del comma 2-bis del presente articolo.

3-quater. In caso di beni immobili concessi in locazione o in comodato sulla scorta di titolo di data certa anteriore al sequestro, l'amministratore giudiziario, previa autorizzazione del giudice delegato, pone in essere gli atti necessari per ottenere la cessazione del contratto alla scadenza naturale.

4. Avverso gli atti dell'amministratore giudiziario compiuti in assenza di autorizzazione scritta del giudice delegato, il pubblico ministero, il proposto e ogni altro interessato possono avanzare reclamo, nel termine perentorio di quindici giorni dalla data in cui ne hanno avuto effettiva conoscenza, al giudice delegato, che, entro i dieci giorni successivi, provvede ai sensi dell'articolo 127 del codice di procedura penale.

5. In caso di sequestro di beni in comunione indivisa, l'amministratore giudiziario, previa autorizzazione del giudice delegato, puo' chiedere al giudice civile di essere nominato amministratore della comunione.

5-bis. I beni mobili sequestrati, anche iscritti in pubblici registri, possono essere affidati dal tribunale in custodia giudiziale agli organi di polizia e del Corpo nazionale dei vigili del fuoco che ne facciano richiesta per l'impiego nelle attivita' istituzionali o per esigenze di polizia giudiziaria, ovvero possono essere affidati all'Agenzia, ad altri organi dello Stato, ad enti pubblici non economici e enti territoriali per finalita' di giustizia, di soccorso pubblico, di protezione civile o di tutela ambientale **nonche' ai soggetti previsti dall'articolo 48, comma 3, lettera c).**

5-ter. Il tribunale, se non deve provvedere alla revoca del sequestro e alle conseguenti restituzioni, su richiesta dell'amministratore giudiziario o dell'Agenzia, decorsi trenta giorni dal deposito della relazione di cui all'articolo 36, destina alla vendita i beni mobili sottoposti a sequestro se gli stessi non possono essere amministrati senza pericolo di deterioramento o di rilevanti diseconomie. Se i beni mobili sottoposti a

sequestro sono privi di valore, improduttivi, oggettivamente inutilizzabili e non alienabili, il tribunale dispone la loro distruzione o demolizione.

5-quater. I proventi derivanti dalla vendita dei beni di cui al comma 5-ter affluiscono, al netto delle spese sostenute, al Fondo unico giustizia per essere versati all'apposito capitolo di entrata del bilancio dello Stato e riassegnati, nei limiti e con le modalita' di cui all'articolo 2, comma 7, del decreto legge 16 settembre 2008, n. 143, convertito dalla legge 13 novembre 2008, n. 181, nella misura del 50 per cento secondo le destinazioni previste dal predetto articolo 2, comma 7, e per il restante 50 per cento allo stato di previsione della spesa del Ministero dell'interno per le esigenze dell'Agenzia che li destina prioritariamente alle finalita' sociali e produttive.

5-quinquies. Se il tribunale non provvede alla confisca dei beni di cui al comma 5-ter, dispone la restituzione all'avente diritto dei proventi versati al Fondo unico giustizia in relazione alla vendita dei medesimi beni, oltre agli interessi maturati sui medesimi proventi computati secondo quanto stabilito dal decreto ministeriale 30 luglio 2009, n. 127.

Art. 41
Gestione delle aziende sequestrate

1. **Nel caso in cui il sequestro abbia ad oggetto aziende di cui agli articoli 2555 e seguenti del codice civile, anche per effetto del sequestro avente a oggetto partecipazioni societarie, l'amministratore giudiziario e' scelto nella sezione di esperti in gestione aziendale dell'Albo nazionale degli amministratori giudiziari. Dopo la relazione di cui all'articolo 36, comma 1, l'amministratore giudiziario, entro tre mesi dalla sua**

nomina, prorogabili a sei mesi per giustificati motivi dal giudice delegato, presenta una relazione, che trasmette anche all'Agenzia, contenente:

a) gli ulteriori dati acquisiti, integrativi di quelli gia' esposti nella relazione di cui all'articolo 36, comma 1;

b) l'esposizione della situazione patrimoniale, economica e finanziaria, con lo stato analitico ed estimativo delle attivita';

c) una dettagliata analisi sulla sussistenza di concrete possibilita' di prosecuzione o di ripresa dell'attivita', tenuto conto del grado di caratterizzazione della stessa con il proposto e i suoi familiari, della natura dell'attivita' esercitata, delle modalita' e dell'ambiente in cui e' svolta, della forza lavoro occupata e di quella necessaria per il regolare esercizio dell'impresa, della capacita' produttiva e del mercato di riferimento nonche' degli oneri correlati al processo di legalizzazione dell'azienda. Nel caso di proposta di prosecuzione o di ripresa dell'attivita' e' allegato un programma contenente la descrizione analitica delle modalita' e dei tempi di adempimento della proposta, che deve essere corredato, previa autorizzazione del giudice delegato, della relazione di un professionista in possesso dei requisiti di cui all'articolo 67, terzo comma, lettera d), del regio decreto 16 marzo 1942, n. 267, e successive modificazioni, che attesti la veridicita' dei dati aziendali e la fattibilita' del programma medesimo, considerata la possibilita' di avvalersi delle agevolazioni e delle misure previste dall'articolo 41-bis del presente decreto;

d) la stima del valore di mercato dell'azienda, tenuto conto degli oneri correlati al processo di legalizzazione della stessa;

e) l'indicazione delle attivita' esercitabili solo con autorizzazioni, concessioni e titoli abilitativi.

1-bis. Le disposizioni del comma 4 dell'articolo 36 si applicano anche con riferimento a quanto previsto dalla lettera d) del comma 1 del presente articolo.

1-ter. Alla proposta di prosecuzione o di ripresa dell'attivita' l'amministratore giudiziario allega l'elenco nominativo dei creditori e di coloro che vantano diritti reali o personali, di godimento o di garanzia, sui beni ai sensi dell'articolo 57, comma 1, specificando i crediti che originano dai rapporti di cui all'articolo 56, quelli che sono collegati a rapporti commerciali essenziali per la prosecuzione dell'attivita' e quelli che riguardano rapporti esauriti, non provati o non funzionali all'attivita' d'impresa. L'amministratore giudiziario allega altresi' l'elenco nominativo delle persone che risultano prestare o avere prestato attivita' lavorativa in favore dell'impresa, specificando la natura dei rapporti di lavoro esistenti nonche' quelli necessari per la prosecuzione dell'attivita'; riferisce in ordine alla presenza di organizzazioni sindacali all'interno dell'azienda alla data del sequestro e provvede ad acquisire loro eventuali proposte sul programma di prosecuzione o di ripresa dell'attivita', che trasmette, con il proprio parere, al giudice delegato. Qualora il sequestro abbia a oggetto partecipazioni societarie che assicurino le maggioranze previste dall'articolo 2359 del codice civile, il tribunale impartisce le direttive sull'eventuale revoca dell'amministratore della societa', che puo' essere nominato, nelle forme previste dal comma 6, nella persona dell'amministratore giudiziario; qualora non sia prevista l'assunzione della qualita' di amministratore della societa', il tribunale determina le modalita' di controllo e di esercizio dei poteri da parte dell'amministratore giudiziario.

1-quater. L'amministratore giudiziario, previa autorizzazione del giudice delegato, nell'attivita' di gestione degli immobili e dei beni aziendali, conferisce la manutenzione ordinaria o straordinaria di preferenza alle imprese fornitrici di lavoro, beni e servizi gia' sequestrate ovvero confiscate.

1-quinquies. In ogni caso, entro trenta giorni dall'immissione in possesso, l'amministratore giudiziario e' autorizzato dal giudice delegato a proseguire l'attivita' dell'impresa o a sospenderla, con riserva di rivalutare tali determinazioni dopo il deposito della relazione semestrale. Se il giudice autorizza la prosecuzione, conservano efficacia, fino all'approvazione del programma ai sensi del comma 1-sexies, le autorizzazioni, le concessioni e i titoli abilitativi necessari allo svolgimento dell'attivita', gia' rilasciati ai titolari delle aziende in stato di sequestro in relazione ai compendi sequestrati.

1-sexies. Il tribunale esamina la relazione di cui al comma 1, depositata dall'amministratore giudiziario, in camera di consiglio ai sensi dell'articolo 127 del codice di procedura penale con la partecipazione del pubblico ministero, dei difensori delle parti, dell'Agenzia e dell'amministratore giudiziario, che vengono sentiti se compaiono. Ove rilevi concrete prospettive di prosecuzione o di ripresa dell'attivita' dell'impresa, il tribunale approva il programma con decreto motivato e impartisce le direttive per la gestione dell'impresa.

1-septies. Qualora il sequestro abbia ad oggetto partecipazioni societarie che non assicurino le maggioranze previste dall'articolo 2359 del codice civile, il tribunale impartisce le opportune direttive all'amministratore giudiziario.

1-octies. Per le societa' sottoposte a sequestro ai sensi del presente decreto, le cause di scioglimento per riduzione o perdita del capitale sociale di cui agli articoli 2484, primo comma, numero 4), e 2545-duodecies del codice civile non operano dalla data di immissione in possesso sino all'approvazione del programma di prosecuzione o ripresa dell'attivita' e, per lo stesso periodo, non si applicano gli articoli 2446, commi secondo e terzo, 2447, 2482-bis, commi quarto, quinto e sesto, e 2482-ter del codice civile.

2. L'amministratore giudiziario provvede agli atti di ordinaria amministrazione funzionali all'attivita' economica dell'azienda. Il giudice delegato, tenuto conto dell'attivita' economica svolta dall'azienda, della forza lavoro da essa occupata, della sua capacita' produttiva e del suo mercato di riferimento, puo' con decreto motivato indicare il limite di valore entro il quale gli atti si ritengono di ordinaria amministrazione. L'amministratore giudiziario non puo' frazionare artatamente le operazioni economiche al fine di evitare il superamento di detta soglia.

2-bis. L'amministratore giudiziario, previa autorizzazione scritta del giudice delegato, puo' affittare l'azienda o un ramo di azienda, con cessazione di diritto nei casi previsti dal comma 2-ter, primo periodo, del presente articolo in data non successiva alla pronuncia della confisca definitiva.

2-ter. L'amministratore giudiziario, previa autorizzazione scritta del giudice delegato, anche su proposta dell'Agenzia, puo', in data non successiva alla pronuncia della confisca definitiva, in via prioritaria, affittare l'azienda o un ramo di azienda o concederla in comodato agli enti, associazioni e altri soggetti indicati all'articolo 48, comma 3, lettera c), alle cooperative previste dall'articolo 48, comma 8, lettera a), o agli imprenditori attivi nel medesimo settore o settori affini di cui all'articolo 41-quater. Nel caso in cui sia prevedibile l'applicazione dell'articolo 48, comma 8-ter, l'azienda puo' essere anche concessa in comodato con cessazione di diritto nei casi di cui al periodo precedente e, in deroga al disposto dell'articolo 1808 del codice civile, il comodatario non ha diritto al rimborso delle spese straordinarie, necessarie e urgenti, sostenute per la conservazione della cosa.

3. Si osservano per la gestione dell'azienda le disposizioni di cui all'articolo 42, in quanto applicabili.

4. I rapporti giuridici connessi all'amministrazione dell'azienda sono regolati dalle norme del codice civile, ove non espressamente altrimenti disposto.

5. Se mancano concrete possibilita' di prosecuzione o di ripresa dell'attivita', il tribunale, acquisito il parere del pubblico ministero, **dei difensori delle parti** e dell'amministratore giudiziario, dispone la messa in liquidazione dell'impresa. In caso di insolvenza, si applica l'articolo 63, comma 1.

6. Nel caso di sequestro di partecipazioni societarie, l'amministratore giudiziario esercita i poteri che spettano al socio nei limiti della quota sequestrata; provvede, ove necessario e previa autorizzazione del giudice delegato, a convocare l'assemblea per la sostituzione degli amministratori, ad impugnare le delibere societarie di trasferimento della sede sociale e di trasformazione, fusione, incorporazione o estinzione della societa', nonche' ad approvare ogni altra modifica dello statuto utile al

perseguimento degli scopi dell'impresa in stato di sequestro.

6-bis. Con decreto del Ministro della giustizia, di concerto con il Ministro dello sviluppo economico, sono stabilite le modalita' semplificate di liquidazione o di cessazione dell'impresa, in particolare qualora sia priva di beni aziendali.

Art. 41-bis
Strumenti finanziari per la gestione e la valorizzazione delle aziende sequestrate e confiscate

1. L'accesso alle risorse delle sezioni di cui alle lettere a) e b) del comma 196 dell'articolo 1 della legge 28 dicembre 2015, n. 208, e' richiesto dall'amministratore giudiziario, previa autorizzazione del giudice delegato, o dall'Agenzia, dopo l'adozione dei provvedimenti di prosecuzione o di ripresa dell'attivita' dell'impresa previsti dall'articolo 41, comma 1-sexies.

2. I crediti derivanti dai finanziamenti erogati dalla sezione di cui alla lettera b) del comma 196 dell'articolo 1 della legge 28 dicembre 2015, n. 208, hanno privilegio sugli immobili, sugli impianti e su ogni loro pertinenza, sui macchinari e sugli utensili dell'impresa, comunque destinati al suo funzionamento ed esercizio.

3. Il privilegio puo' essere esercitato anche nei confronti dei terzi che abbiano acquistato diritti sugli stessi beni in data successiva alle annotazioni di cui al comma 5. Nell'ipotesi in cui non sia possibile far valere il privilegio nei confronti del terzo acquirente, il privilegio si trasferisce sul corrispettivo.

4. Il privilegio di cui al presente articolo e' preferito ad ogni altro titolo di prelazione da qualsiasi causa derivante, anche se preesistente alle annotazioni di cui al comma 5, fatta eccezione per i privilegi

per spese di giustizia e per quelli di cui all'articolo 2751-bis del codice civile.

5. Il privilegio e' annotato presso gli uffici dei registri immobiliari e gli uffici tavolari competenti in relazione al luogo in cui si trovano i beni e nel registro di cui all'articolo 1524 del codice civile presso il tribunale competente in relazione al luogo ove ha sede l'impresa finanziata.

6. Il tribunale, con il procedimento previsto dall'articolo 41, comma 1-sexies, anche su proposta dell'Agenzia, ove rilevi concrete prospettive di prosecuzione dell'attivita' dell'azienda sequestrata o confiscata, puo' impartire le direttive per la sua ammissione alla procedura di amministrazione straordinaria nelle forme e alle condizioni previste dall'articolo 2, comma 1-bis, del decreto legislativo 8 luglio 1999, n. 270. Dopo il provvedimento di confisca emesso dalla corte di appello provvede l'Agenzia.

7. Qualora il sequestro o la confisca riguardino aziende di straordinario interesse socio-economico, tenuto conto della consistenza patrimoniale e del numero degli occupati, o aziende concessionarie pubbliche o che gestiscono pubblici servizi, l'amministratore giudiziario puo' essere nominato tra gli iscritti nella sezione di esperti in gestione aziendale dell'Albo nazionale degli amministratori giudiziari, indicati dalla societa' INVITALIA Spa tra i suoi dipendenti. In tal caso l'amministratore giudiziario, dipendente della societa' INVITALIA Spa, per lo svolgimento dell'incarico non ha diritto ad emolumenti aggiuntivi rispetto al trattamento economico in godimento, ad eccezione del rimborso delle spese di cui all'articolo 35, comma 9. I dipendenti della societa' INVITALIA Spa che abbiano svolto, nei tre anni antecedenti alla data di entrata in vigore della presente disposizione, attivita' di gestione diretta di aziende in crisi possono iscriversi, entro sessanta giorni dalla data di entrata in vigore della presente disposizione, alla sezione dell'Albo di cui all'articolo 3, comma 2, del decreto legislativo 4 febbraio 2010, n. 14. Il dipendente della societa' INVITALIA Spa, nominato amministratore giudiziario, svolge le proprie funzioni sotto la direzione del giudice delegato, avvalendosi dell'organizzazione della societa' INVITALIA Spa.

8. Entro trenta giorni dalla data di entrata in vigore della presente disposizione, l'Agenzia, con delibera del Consiglio direttivo, adotta, ai sensi dell'articolo 112, comma 4, lettera d), i criteri per l'individuazione delle aziende sequestrate e confiscate di straordinario interesse socio-economico e per la definizione dei piani di valorizzazione.

Art. 41-ter
Istituzione dei tavoli provinciali permanenti sulle aziende sequestrate e confiscate, presso le prefetture-uffici territoriali del Governo

1. Al fine di favorire il coordinamento tra le istituzioni, le associazioni indicate nell'articolo 48, comma 3, lettera c), le organizzazioni sindacali e le associazioni dei datori di lavoro piu' rappresentative a livello nazionale, sono istituiti, presso le prefetture-uffici territoriali del Governo, tavoli provinciali permanenti sulle aziende sequestrate e confiscate, aventi il compito di:

a) favorire la continuazione dell'attivita' produttiva e salvaguardare i livelli occupazionali;

b) dare ausilio all'amministratore giudiziario, sulla base delle direttive impartite dal giudice delegato, e all'Agenzia nella fase dell'amministrazione, della gestione e della destinazione delle aziende;

c) favorire la collaborazione degli operatori economici del territorio con le aziende sequestrate e confiscate nel percorso di emersione alla legalita';

d) promuovere lo scambio di informazioni con gli amministratori giudiziari coinvolti nella gestione delle aziende sequestrate e confiscate, tenendo conto delle disposizioni impartite dal giudice delegato anche al fine di salvaguardare le esigenze del procedimento di confisca;

e) esprimere un parere non vincolante sulle proposte formulate dall'amministratore giudiziario e dall'Agenzia.

2. Il tavolo provinciale permanente, coordinato e convocato dal prefetto o da un suo delegato, e' composto da:

a) un rappresentante dell'Agenzia designato dal Consiglio direttivo e individuato, di regola, nel dirigente della prefettura componente del nucleo di supporto di cui all'articolo 112, comma 3;

b) un rappresentante del Ministero dello sviluppo economico;

c) un rappresentante della regione, designato dal presidente della Giunta regionale;

d) un rappresentante delle associazioni sindacali comparativamente piu' rappresentative a livello nazionale, designato dalle medesime secondo criteri di rotazione;

e) un rappresentante delle organizzazioni dei datori di lavoro piu' rappresentative a livello nazionale designato, ogni quattro mesi, dalle medesime secondo criteri di rotazione;

f) un rappresentante della sede territorialmente competente dell'Ispettorato nazionale del lavoro;

g) un rappresentante delle associazioni individuate dall'articolo 48, comma 3,

lettera c), designato dalle medesime secondo criteri di rotazione;

h) un rappresentante della camera di commercio, industria, artigianato e agricoltura.

3. Il prefetto, ove ne ravvisi l'opportunita', puo' estendere ai rappresentanti degli enti locali la partecipazione al tavolo.

4. Il prefetto, su richiesta di una delle associazioni dei datori di lavoro o delle organizzazioni sindacali dei lavoratori piu' rappresentative sul piano nazionale interessate, puo' convocare apposite riunioni tra le medesime associazioni e organizzazioni sindacali e l'amministratore. Le parti sono tenute a operare nel rispetto delle norme in materia di diritto del lavoro e di relazioni sindacali.

5. Le amministrazioni provvedono all'attuazione del presente articolo con le risorse umane, finanziarie e strumentali disponibili a legislazione vigente. Ai componenti non spetta alcun compenso, indennita', gettone di presenza o rimborso di spese per la partecipazione ai lavori.

Art. 41-quater
Supporto delle aziende sequestrate o confiscate

1. Nella gestione dell'azienda l'amministratore giudiziario, sentito il competente tavolo provinciale permanente di cui all'articolo 41-ter, previa autorizzazione del giudice delegato, e l'Agenzia possono avvalersi del supporto tecnico, a titolo gratuito, di imprenditori attivi nel medesimo settore o in settori affini a quelli in cui opera l'azienda sequestrata o non definitivamente confiscata, in possesso dei requisiti previsti dal regolamento di attuazione dell'articolo 5-ter del decreto-legge 24 gennaio 2012, n. 1, convertito, con modificazioni, dalla legge 24 marzo

2012, n. 27, prescindendo dai limiti di fatturato, individuati nel rispetto dei criteri di economicita', efficacia, imparzialita', parita' di trattamento, trasparenza, proporzionalita', attraverso procedure ad evidenza pubblica indette dall'amministratore giudiziario, tenendo conto dei progetti di affiancamento dagli stessi presentati e dell'idoneita' a fornire il necessario sostegno all'azienda.

2. L'effettivo e utile svolgimento dell'attivita' di supporto tecnico di cui al comma 1, risultante dalla relazione dell'amministratore giudiziario, per un periodo non inferiore a dodici mesi determina l'attribuzione agli imprenditori del diritto di prelazione da esercitare, a parita' di condizioni, al momento della vendita o dell'affitto dell'azienda, nonche' l'applicazione ai medesimi, in quanto compatibili, dei benefici di cui all'articolo 41-bis.

3. Nella gestione dell'azienda l'amministratore giudiziario, previa autorizzazione scritta del giudice delegato, e l'Agenzia possono altresi' avvalersi del supporto tecnico delle camere di commercio, industria, artigianato e agricoltura per favorire il collegamento dell'azienda sequestrata o confiscata in raggruppamenti e in reti d'impresa.

Art. 42
Disciplina delle spese, dei compensi e dei rimborsi

1. Le spese necessarie o utili per la conservazione e l'amministrazione dei beni sono sostenute dall'amministratore giudiziario mediante prelevamento dalle somme riscosse a qualunque titolo ovvero sequestrate, confiscate o comunque nella disponibilita' del procedimento.

2. Se dalla gestione dei beni sequestrati o confiscati non e' ricavabile denaro sufficiente per il pagamento delle spese di cui al comma 1, le stesse sono anticipate dallo Stato, con diritto al recupero nei confronti del titolare del bene in caso di revoca del sequestro o della confisca.

3. Nel caso sia disposta la confisca dei beni, le somme per il pagamento dei compensi spettanti all'amministratore giudiziario, per il rimborso delle spese sostenute per i coadiutori e quelle di cui all'articolo 35, comma 9, sono inserite nel conto della gestione; qualora la confisca non venga disposta, ovvero le disponibilita' del predetto conto non siano sufficienti per provvedere al pagamento delle anzidette spese, le somme occorrenti sono anticipate, in tutto o in parte, dallo Stato, senza diritto al recupero. Se il sequestro o la confisca sono revocati, le somme suddette sono poste a carico dello Stato.

4. La determinazione dell'ammontare del compenso, la liquidazione dello stesso e del trattamento di cui all'articolo 35, comma 8, nonche' il rimborso delle spese sostenute per i coadiutori, sono disposti con decreto motivato del tribunale, su relazione del giudice delegato. Il compenso degli amministratori giudiziari e' liquidato sulla base delle tabelle allegate al decreto di cui all'articolo 8 del decreto legislativo 4 febbraio 2010, n. 14.

5. Le liquidazioni e i rimborsi di cui al comma 4 sono fatti prima della redazione del conto finale. In relazione alla durata dell'amministrazione e per gli altri giustificati motivi il tribunale concede, su richiesta dell'amministratore giudiziario e sentito il giudice delegato, acconti sul compenso finale. Il tribunale dispone in merito agli adempimenti richiesti entro cinque giorni dal ricevimento della richiesta.

6. I provvedimenti di liquidazione o di rimborso sono comunicati

all'amministratore giudiziario mediante avviso di deposito del decreto in cancelleria e all'Agenzia per via telematica.

7. Entro venti giorni dalla comunicazione dell'avviso, l'amministratore giudiziario puo' proporre ricorso avverso il provvedimento che ha disposto la liquidazione o il rimborso. La corte d'appello decide sul ricorso in camera di consiglio, previa audizione del ricorrente, entro quindici giorni dal deposito del ricorso. Se il provvedimento impugnato e' stato emesso dalla corte d'appello, sul ricorso decide la medesima corte in diversa composizione.

Art. 43
Rendiconto di gestione

1. **All'esito della procedura, e comunque dopo il provvedimento di confisca di primo grado, entro sessanta giorni dal deposito, l'amministratore giudiziario presenta al giudice delegato il conto della gestione, tenuto conto dei criteri fissati dall'articolo 37, comma 5.**

2. Il conto della gestione espone in modo completo e analitico le modalita' e i risultati della gestione e contiene, tra l'altro, l'indicazione delle somme pagate e riscosse, la descrizione analitica dei cespiti e il saldo finale. Al conto sono essere allegati i documenti giustificativi, le relazioni periodiche sull'amministrazione e il registro delle operazioni effettuate. In caso di irregolarita' o di incompletezza, il giudice delegato invita l'amministratore giudiziario ad effettuare, entro il termine indicato, le opportune integrazioni o modifiche.

3. Verificata la regolarita' del conto, il giudice delegato ne ordina il deposito in cancelleria, unitamente ai documenti allegati, assegnando in calce allo stesso termine per la presentazione di eventuali osservazioni e contestazioni. Del deposito e' data immediata comunicazione agli interessati, al pubblico ministero e all'Agenzia.

4. Se non sorgono o non permangono contestazioni, che debbono a pena di inammissibilita' essere specifiche e riferite a singole voci contabili e non possono in ogni caso avere ad oggetto i criteri e i risultati di gestione, il giudice delegato lo approva; altrimenti fissa l'udienza di comparizione dinanzi al collegio, che in esito a procedimento in camera di consiglio approva il conto o invita l'amministratore giudiziario a sanarne le irregolarita' con ordinanza esecutiva, notificata all'interessato e comunicata al pubblico ministero.

5. Avverso l'ordinanza di cui al comma 4 e' ammesso ricorso per cassazione entro i dieci giorni dalla notificazione o comunicazione.

5-bis. **L'Agenzia provvede al rendiconto ai sensi dei commi precedenti qualora il sequestro sia revocato. In ogni altro caso trasmette al giudice delegato una relazione sull'amministrazione dei beni, esponendo le somme pagate e riscosse, le spese sostenute e il saldo finale, con l'indicazione dei limiti previsti dall'articolo 53. Il giudice delegato, all'esito degli eventuali chiarimenti richiesti, prende atto della relazione.**

Art. 44
Gestione dei beni confiscati

1. **L'Agenzia gestisce i beni confiscati anche in via non definitiva dal decreto di confisca della corte di appello, ai sensi dell'articolo 20 della legge 23 dicembre 1993, n. 559, e, in quanto applicabile, dell'articolo 40 del presente decreto, nonche' sulla base degli indirizzi e delle linee guida adottati dal Consiglio direttivo dell'Agenzia medesima ai sensi**

dell'articolo 112, comma 4, lettera d). Essa provvede al rimborso ed all'anticipazione delle spese, nonche' alla liquidazione dei compensi che non trovino copertura nelle risorse della gestione, anche avvalendosi di apposite aperture di credito disposte, a proprio favore, sui fondi dello specifico capitolo istituito nello stato di previsione della spesa del Ministero dell'economia e delle finanze, salva, in ogni caso, l'applicazione della normativa di contabilita' generale dello Stato e del decreto del Presidente della Repubblica 20 aprile 1994, n. 367.

2. L'Agenzia richiede al giudice delegato il nulla osta al compimento degli atti di cui all'articolo 40, comma 3.

Capo III
La destinazione dei beni confiscati
Art. 45
Confisca definitiva. Devoluzione allo Stato

1. A seguito della confisca definitiva di prevenzione i beni sono acquisiti al patrimonio dello Stato liberi da oneri e pesi. La tutela dei diritti dei terzi e' garantita entro i limiti e nelle forme di cui al titolo IV.

2. Il provvedimento definitivo di confisca e' comunicato, dalla cancelleria dell'ufficio giudiziario che ha emesso il provvedimento, all'Agenzia, nonche' al prefetto e all'ufficio dell'Agenzia del demanio competenti per territorio in relazione al luogo ove si trovano i beni o ha sede l'azienda confiscata.

Art. 45-bis
Liberazione degli immobili e delle aziende

1. L'Agenzia, ricevuta la comunicazione del provvedimento definitivo di confisca, qualora l'immobile risulti ancora occupato, con provvedimento revocabile in ogni momento, puo' differire l'esecuzione dello sgombero o dell'allontanamento nel caso previsto dall'articolo 40, comma 3-ter, ovvero qualora lo ritenga opportuno in vista dei provvedimenti di destinazione da adottare.

Art. 46
Restituzione per equivalente

1. La restituzione dei beni confiscati, ad eccezione dei beni culturali di cui all'articolo 10, comma 3, del codice dei beni culturali e del paesaggio, di cui al decreto legislativo 22 gennaio 2004, n. 42, e successive modificazioni, e degli immobili e delle aree dichiarati di notevole interesse pubblico ai sensi degli articoli 136 e seguenti del medesimo codice, e successive modificazioni, nell'ambito delle risorse disponibili a legislazione vigente, puo' avvenire anche per equivalente, al netto delle migliorie, quando i beni medesimi sono stati assegnati per finalita' istituzionali o sociali, per fini di giustizia o di ordine pubblico o di protezione civile di cui alle lettere a), b) e c) dell'articolo 48, comma 3, del presente decreto e la restituzione possa pregiudicare l'interesse pubblico. In tal caso l'interessato nei cui confronti venga a qualunque titolo dichiarato il diritto alla restituzione del bene ha diritto alla restituzione di una somma equivalente al valore del bene confiscato come risultante dal rendiconto di gestione, al netto delle migliorie, rivalutato sulla base del tasso di inflazione annua. In caso di beni immobili, si tiene conto dell'eventuale rivalutazione delle rendite catastali.

2. Il comma 1 si applica altresi' quando il bene sia stato venduto.

3. Nei casi di cui ai commi 1 e 2, il tribunale determina il valore del bene e ordina il pagamento della somma, ponendola a carico:

a) del Fondo Unico Giustizia, nel caso in cui il bene sia stato venduto;
b) dell'amministrazione assegnataria, in tutti gli altri casi.

Art. 47
Procedimento di destinazione

1. La destinazione dei beni immobili e dei beni aziendali e' effettuata con delibera del Consiglio direttivo dell'Agenzia, sulla base della stima del valore risultante dalla relazione di cui all'articolo 36, e da altri atti giudiziari, salvo che sia ritenuta necessaria dall'Agenzia una nuova stima.

2. **L'Agenzia provvede all'adozione del provvedimento di destinazione entro novanta giorni dal ricevimento della comunicazione di cui all'articolo 45, comma 2, prorogabili di ulteriori novanta giorni in caso di operazioni particolarmente complesse. Nel caso di applicazione delle disposizioni di cui al titolo IV, il provvedimento di destinazione e' adottato entro trenta giorni dalla comunicazione del progetto di pagamento effettuata ai sensi dell'articolo 61, comma 4. Anche prima dell'adozione del provvedimento di destinazione, per la tutela dei beni confiscati si applica il secondo comma dell'articolo 823 del codice civile.**

Art. 48
Destinazione dei beni e delle somme

1. L'Agenzia versa al Fondo unico giustizia:
a) le somme di denaro confiscate che non debbano essere utilizzate per la gestione di altri beni confiscati o che non debbano essere utilizzate per il risarcimento delle vittime dei reati di tipo mafioso;
b) le somme ricavate dalla vendita, anche mediante trattativa privata, dei beni mobili, anche registrati, confiscati, compresi i titoli e le partecipazioni societarie, al netto del ricavato della vendita dei beni finalizzata al risarcimento delle vittime dei reati di tipo mafioso. PERIODO SOPPRESSO DALLA L. 24 DICEMBRE 2012, N. 228. **La vendita delle partecipazioni societarie maggioritarie o totalitarie e' consentita esclusivamente se la societa' e' priva di beni costituiti in azienda ai sensi degli articoli 2555 e seguenti del codice civile o di beni immobili e, comunque, dopo aver assunto le determinazioni previste dai commi seguenti. In ogni caso la vendita delle partecipazioni societarie viene effettuata con modalita' tali da garantire la tutela dei livelli occupazionali preesistenti;**
c) le somme derivanti dal recupero dei crediti personali. Se la procedura di recupero e' antieconomica, ovvero, dopo accertamenti sulla solvibilita' del debitore svolti anche attraverso gli organi di polizia, il debitore risulti insolvibile, il credito e' annullato con provvedimento del direttore dell'Agenzia.

1-bis. L'Agenzia versa il 3 per cento del totale delle somme di cui al comma 1 al fondo integrativo statale per la concessione di borse di studio, di cui all'articolo 18 del decreto legislativo 29 marzo 2012, n. 68.

2. La disposizione del comma 1 non si applica alle somme di denaro e ai proventi derivanti o comunque connessi ai beni aziendali confiscati.

3. I beni immobili sono:
a) mantenuti al patrimonio dello Stato per finalita' di giustizia, di ordine pubblico e di protezione civile e, ove idonei, anche per altri usi governativi o pubblici connessi allo svolgimento delle attivita' istituzionali di amministrazioni statali, agenzie fiscali, universita' statali, enti pubblici e istituzioni culturali di rilevante interesse, salvo che si debba procedere alla vendita degli stessi finalizzata al risarcimento delle vittime dei reati di tipo mafioso;

b) mantenuti nel patrimonio dello Stato e, previa autorizzazione del Presidente del Consiglio dei ministri, utilizzati dall'Agenzia per finalita' economiche;

c) trasferiti per finalita' istituzionali o sociali **ovvero economiche, con vincolo di reimpiego dei proventi per finalita' sociali**, in via prioritaria, al patrimonio del comune ove l'immobile e' sito, ovvero al patrimonio della provincia o della regione. Gli enti territoriali provvedono a formare un apposito elenco dei beni confiscati ad essi trasferiti, che viene periodicamente aggiornato con **cadenza mensile**. L'elenco, reso pubblico **nel sito internet istituzionale dell'ente**, deve contenere i dati concernenti la consistenza, la destinazione e l'utilizzazione dei beni nonche', in caso di assegnazione a terzi, i dati identificativi del concessionario e gli estremi, l'oggetto e la durata dell'atto di concessione. **La mancata pubblicazione comporta responsabilita' dirigenziale ai sensi dell'articolo 46 del decreto legislativo 14 marzo 2013, n. 33**. Gli enti territoriali, anche consorziandosi o attraverso associazioni, possono amministrare direttamente il bene o, sulla base di apposita convenzione, assegnarlo in concessione, a titolo gratuito e nel rispetto dei principi di trasparenza, adeguata pubblicita' e parita' di trattamento, a comunita', anche giovanili, ad enti, ad associazioni maggiormente rappresentative degli enti locali, ad organizzazioni di volontariato di cui alla legge 11 agosto 1991, n. 266, a cooperative sociali di cui alla legge 8 novembre 1991, n. 381, o a comunita' terapeutiche e centri di recupero e cura di tossicodipendenti di cui al testo unico delle leggi in materia di disciplina degli stupefacenti e sostanze psicotrope, prevenzione, cura e riabilitazione dei relativi stati di tossicodipendenza, di cui al decreto del Presidente della Repubblica 9 ottobre 1990, n. 309, nonche' alle associazioni di protezione ambientale riconosciute ai sensi dell'articolo 13 della legge 8 luglio 1986, n. 349, e successive modificazioni, **ad altre tipologie di cooperative purche' a mutualita' prevalente, fermo restando il requisito della mancanza dello scopo di lucro**, e agli operatori dell'agricoltura sociale riconosciuti ai sensi delle disposizioni vigenti nonche' agli Enti parco nazionali e regionali. La convenzione disciplina la durata, l'uso del bene, le modalita' di controllo sulla sua utilizzazione, le cause di risoluzione del rapporto e le modalita' del rinnovo. I beni non assegnati a seguito di procedure di evidenza pubblica possono essere utilizzati dagli enti territoriali per finalita' di lucro e i relativi proventi devono essere reimpiegati esclusivamente per finalita' sociali. Se entro un anno l'ente territoriale non ha provveduto **all'assegnazione o all'utilizzazione** del bene, l'Agenzia dispone la revoca del trasferimento ovvero la nomina di un commissario con poteri sostitutivi. Alla scadenza di sei mesi il sindaco invia al Direttore dell'Agenzia una relazione sullo stato della procedura. **La destinazione, l'assegnazione e l'utilizzazione dei beni, nonche' il reimpiego per finalita' sociali dei proventi derivanti dall'utilizzazione per finalita' economiche, sono soggetti a pubblicita' nei siti internet dell'Agenzia e dell'ente utilizzatore o assegnatario, ai sensi del decreto legislativo 14 marzo 2013, n. 33. L'Agenzia revoca la destinazione del bene qualora l'ente destinatario ovvero il soggetto assegnatario non trasmettano i dati nel termine richiesto;**

c-bis) **assegnati, a titolo gratuito, direttamente dall'Agenzia agli enti o alle** associazioni indicati alla lettera c), in deroga a quanto previsto dall'articolo 2 della legge 23 dicembre 2009, n. 191, sulla base di apposita convenzione nel rispetto dei principi di trasparenza, adeguata pubblicita' e parita' di trattamento, ove risulti evidente la loro destinazione sociale secondo criteri stabiliti dal Consiglio direttivo dell'Agenzia;

d) trasferiti al patrimonio del comune ove l'immobile e' sito, se confiscati per il reato di cui all'articolo 74 del citato testo unico approvato con decreto del Presidente della Repubblica 9 ottobre 1990, n. 309. Il comune puo' amministrare direttamente il bene oppure, preferibilmente, assegnarlo in concessione, anche a titolo gratuito, secondo i criteri di cui all'articolo 129 del medesimo testo unico, ad associazioni, comunita' o enti per il recupero di tossicodipendenti operanti nel territorio ove e' sito l'immobile. Se entro un anno l'ente territoriale non ha provveduto alla destinazione del bene, l'Agenzia dispone la revoca del trasferimento ovvero la nomina di un commissario con poteri sostitutivi.

4. I proventi derivanti dall'utilizzo dei beni di cui al comma 3, lettera b), affluiscono, al netto delle spese di conservazione ed amministrazione, al Fondo unico giustizia, per essere versati all'apposito capitolo di entrata del bilancio dello Stato e riassegnati allo stato di previsione del Ministero dell'interno al fine di assicurare il potenziamento dell'Agenzia.

5. I beni di cui al comma 3, di cui non sia possibile effettuare la destinazione o il trasferimento per le finalita' di pubblico interesse ivi contemplate, sono destinati con provvedimento dell'Agenzia alla vendita, osservate, in quanto compatibili, le disposizioni del codice di procedura civile. L'avviso di vendita e' pubblicato nel sito internet dell'Agenzia, e dell'avvenuta pubblicazione viene data altresi' notizia nei siti internet dell'Agenzia del demanio e della prefettura-ufficio territoriale del Governo della provincia interessata. La vendita e' effettuata per un corrispettivo non inferiore a quello determinato dalla stima formulata ai sensi dell'articolo 47. Qualora, entro novanta giorni dalla data di pubblicazione dell'avviso di vendita, non pervengano all'Agenzia proposte di acquisto per il corrispettivo indicato al terzo periodo, il prezzo minimo della vendita non puo', comunque, essere determinato in misura inferiore all'80 per cento del valore della suddetta stima. Fatto salvo il disposto dei commi 6 e 7 del presente articolo, la vendita e' effettuata agli enti pubblici aventi tra le altre finalita' istituzionali anche quella dell'investimento nel settore immobiliare, alle associazioni di categoria che assicurano maggiori garanzie e utilita' per il perseguimento dell'interesse pubblico e alle fondazioni bancarie. I beni immobili acquistati non possono essere alienati, nemmeno parzialmente, per cinque anni dalla data di trascrizione del contratto di vendita e quelli diversi dai fabbricati sono assoggettati alla stessa disciplina prevista per questi ultimi dall'articolo 12 del decreto-legge 21 marzo 1978, n. 59, convertito, con modificazioni, dalla legge 18 maggio 1978, n. 191. L'Agenzia richiede al prefetto della provincia interessata un parere obbligatorio, da esprimere sentito il Comitato provinciale per l'ordine e la sicurezza pubblica, e ogni informazione utile affinche' i beni non siano acquistati, anche per interposta persona, dai soggetti ai quali furono confiscati, da soggetti altrimenti riconducibili alla criminalita' organizzata ovvero utilizzando proventi di natura illecita.

6. Il personale delle Forze armate e il personale delle Forze di polizia possono costituire cooperative edilizie alle quali e' riconosciuto il diritto di opzione prioritaria sull'acquisto dei beni destinati alla vendita di cui al comma 5.

7. Gli enti territoriali possono esercitare la prelazione all'acquisto dei beni di cui al comma 5. Con regolamento adottato ai sensi dell'articolo 17, comma 1, della legge 23 agosto 1988, n. 400, e successive modificazioni, sono disciplinati i termini, le modalita' e le ulteriori disposizioni occorrenti per l'attuazione del presente comma. Nelle more dell'adozione del predetto regolamento e' comunque possibile procedere alla vendita dei beni.

7-bis. **Nell'ambito delle risorse disponibili a legislazione vigente, i beni mobili di terzi rinvenuti in immobili confiscati, qualora non vengano ritirati dal proprietario nel termine di trenta giorni dalla notificazione dell'invito al ritiro da parte dell'Agenzia, sono alienati a cura della stessa Agenzia anche a mezzo dell'istituto vendite giudiziarie, previa delibera del Consiglio direttivo, mediante pubblicazione per quindici giorni consecutivi del relativo avviso di vendita nel proprio sito internet. Ai fini della destinazione dei proventi derivanti dalla vendita dei beni mobili, si applicano le disposizioni di cui al comma 9. Non si procede alla vendita dei beni che, entro dieci giorni dalla diffusione nel sito informatico, siano richiesti dalle amministrazioni statali o dagli enti territoriali come individuati dal presente articolo. In tale caso, l'Agenzia provvede alla loro assegnazione a titolo gratuito ed alla consegna all'amministrazione richiedente, mediante sottoscrizione di apposito verbale. Al secondo esperimento negativo della procedura di vendita, l'Agenzia puo' procedere all'assegnazione dei beni a titolo gratuito ai soggetti previsti dal comma 3, lettera c), o in via residuale alla loro distruzione**.

8. I beni aziendali sono mantenuti al patrimonio dello Stato e destinati, con provvedimento dell'Agenzia che ne disciplina le modalita' operative:

a) all'affitto, quando vi siano fondate prospettive di continuazione o di ripresa dell'attivita' produttiva, a titolo oneroso, a societa' e ad imprese pubbliche o private, ovvero **in comodato**, senza oneri a carico dello Stato, a cooperative di lavoratori dipendenti dell'impresa confiscata. Nella scelta dell'affittuario o **del comodatario** sono privilegiate le soluzioni che garantiscono il mantenimento dei livelli occupazionali. I beni non possono essere destinati all'affitto **e al comodato** alle cooperative di lavoratori dipendenti dell'impresa confiscata se taluno dei relativi soci e' parente, coniuge, affine o convivente con il destinatario della confisca, ovvero nel caso in cui nei suoi confronti sia stato adottato taluno dei provvedimenti indicati nell'articolo 15, commi 1 e 2, della legge 19 marzo 1990, n. 55;

b) alla vendita, per un corrispettivo non inferiore a quello determinato dalla stima eseguita dall'Agenzia, a soggetti che ne abbiano fatto richiesta, qualora vi sia una maggiore utilita' per l'interesse pubblico o qualora la vendita medesima sia finalizzata al risarcimento delle vittime dei reati di tipo mafioso. Nel caso di vendita disposta alla scadenza del contratto di affitto dei beni, l'affittuario puo' esercitare il diritto di prelazione entro trenta giorni dalla comunicazione della vendita del bene da parte dell'Agenzia;

c) alla liquidazione, qualora vi sia una maggiore utilita' per l'interesse pubblico o qualora la liquidazione medesima sia finalizzata al risarcimento delle vittime dei reati di tipo mafioso, con le medesime modalita' di cui alla lettera b).

8-bis. I beni aziendali di cui al comma 8, ove si tratti di immobili facenti capo a societa' immobiliari, possono essere altresi' trasferiti, per le finalita' istituzionali o sociali di cui al comma 3, lettere c) e d), in via prioritaria al patrimonio del comune ove il bene e' sito, ovvero al patrimonio della provincia o della regione, qualora tale destinazione non pregiudichi la prosecuzione dell'attivita' d'impresa o i diritti dei creditori dell'impresa stessa. Con decreto del Ministro dell'economia e delle finanze, di concerto con i Ministri dell'interno e della giustizia, sono determinate le modalita' attuative della disposizione di cui al precedente periodo in modo da assicurare un utilizzo efficiente dei suddetti beni senza pregiudizio per le finalita' cui sono destinati i relativi proventi e senza nuovi o maggiori oneri per la finanza pubblica. Il trasferimento di cui al primo periodo e' disposto, conformemente al decreto di cui al secondo periodo, con apposita delibera dell'Agenzia.

8-ter. **Le aziende sono mantenute al patrimonio dello Stato e destinate, senza che ne derivino nuovi o maggiori oneri per la finanza pubblica, con provvedimento dell'Agenzia che ne disciplina le modalita' operative, al trasferimento per finalita' istituzionali agli enti o alle associazioni individuati, quali assegnatari in concessione, dal comma 3, lettera c), con le modalita' ivi previste, qualora si ravvisi un prevalente interesse pubblico, anche con riferimento all'opportunita' della prosecuzione dell'attivita' da parte dei soggetti indicati.**

9. I proventi derivanti dall'affitto, dalla vendita o dalla liquidazione dei beni di cui al comma 8 affluiscono, al netto delle spese sostenute, al Fondo unico giustizia per essere versati all'apposito capitolo di entrata del bilancio dello Stato e riassegnati per le finalita' previste dall'articolo 2, comma 7, del decreto-legge 16 settembre 2008, n. 143, convertito dalla legge 13 novembre 2008, n. 181.

10. Le somme ricavate dalla vendita dei beni di cui al comma 5, al netto delle spese per la gestione e la vendita degli stessi, affluiscono al Fondo unico giustizia per essere riassegnati, previo versamento all'entrata del bilancio dello Stato, nella misura del 50 per cento al Ministero dell'interno per la tutela della sicurezza pubblica e del soccorso pubblico e, nella restante misura del 50 per cento, al Ministero della giustizia, per assicurare il funzionamento e il potenziamento degli uffici giudiziari e degli altri servizi istituzionali, in coerenza con gli obiettivi di stabilita' della finanza pubblica.

11. Nella scelta del cessionario o dell'affittuario dei beni aziendali l'Agenzia procede mediante licitazione privata ovvero, qualora ragioni di necessita' o di convenienza, specificatamente indicate e motivate, lo richiedano, mediante trattativa privata. Sui relativi contratti e' richiesto il parere di organi consultivi solo per importi eccedenti euro 1.032.913,80 nel caso di licitazione privata euro 516.456,90 nel caso di trattativa privata.

12. I beni mobili, anche iscritti in pubblici registri, possono essere utilizzati dall'Agenzia per l'impiego in attivita' istituzionali ovvero destinati ad altri organi dello Stato, agli enti territoriali o **ai soggetti previsti dal comma 3, lettera c)**.

12-bis. Sono destinati in via prioritaria al Corpo nazionale dei vigili del fuoco autocarri, mezzi d'opera, macchine operatrici, carrelli elevatori e ogni altro mezzo per uso speciale, funzionali alle esigenze del soccorso pubblico.

13. I provvedimenti emanati ai sensi dell'articolo 47 e dei commi 3 e 8 del presente articolo sono immediatamente esecutivi.

14. I trasferimenti e le cessioni di cui al presente articolo, disposti a titolo gratuito, sono esenti da qualsiasi imposta.

15. Quando risulti che i beni confiscati dopo l'assegnazione o la destinazione sono rientrati, anche per interposta persona, nella disponibilita' o sotto il controllo del soggetto sottoposto al provvedimento di confisca, si puo' disporre la revoca dell'assegnazione o della destinazione da parte dello stesso organo che ha disposto il relativo provvedimento.

15-bis. **L'Agenzia, con delibera del Consiglio direttivo e sentito il Comitato consultivo di indirizzo, puo' altresi' disporre il trasferimento dei medesimi beni al patrimonio degli enti territoriali che ne facciano richiesta, qualora si tratti di beni che gli enti territoriali medesimi gia' utilizzano a qualsiasi titolo per finalita' istituzionali. La delibera del Consiglio direttivo e' adottata fatti salvi i diritti dei creditori dell'azienda confiscata.**

15-ter. **Per la destinazione dei beni immobili confiscati gia' facenti parte del patrimonio aziendale di societa' le cui partecipazioni sociali siano state confiscate in via totalitaria o siano comunque tali da assicurare il controllo della societa', si applicano le disposizioni di cui al comma 3. L'Agenzia, con delibera del Consiglio direttivo, puo' dichiarare, tuttavia, la natura aziendale dei predetti immobili, ordinando al conservatore dei registri immobiliari la cancellazione di tutte le trascrizioni pregiudizievoli al fine di assicurare l'intestazione del bene in capo alla medesima societa'. In caso di**
vendita di beni aziendali, si applicano le disposizioni di cui al comma 5.

Art. 49
Regolamento

1. Con decreto del Ministro della giustizia, di concerto con i Ministri dell'economia e delle finanze, dell'interno e della difesa, e' adottato, ai sensi dell'articolo 17, comma 3, della legge 23 agosto 1988, n. 400, un regolamento per disciplinare la raccolta dei dati relativi ai beni sequestrati o confiscati, dei dati concernenti lo stato del procedimento per il sequestro o la confisca e dei dati concernenti la consistenza, la destinazione e la utilizzazione dei beni sequestrati e confiscati, nonche' la trasmissione dei medesimi dati all'Agenzia. Il Governo trasmette ogni sei mesi al Parlamento una relazione concernente i dati suddetti.

2. Il Consiglio di Stato esprime il proprio parere sullo schema di regolamento di cui al comma 1 entro trenta giorni dalla richiesta, decorsi i quali il regolamento puo' comunque essere adottato.

3. Le disposizioni di cui agli articoli 45, 47, 48, nonche' di cui al presente articolo si applicano anche ai beni per i quali non siano state esaurite le procedure di liquidazione o non sia stato emanato il provvedimento di cui al comma 1 del citato articolo 47.

Capo IV
Regime fiscale dei beni sequestrati o confiscati
Art. 50
Procedure esecutive dei concessionari di riscossione pubblica

1. Le procedure esecutive, gli atti di pignoramento e i provvedimenti cautelari in corso da parte della societa' Equitalia Spa o di altri concessionari di riscossione pubblica sono sospesi nelle ipotesi di sequestro di aziende o partecipazioni societarie disposto ai sensi del presente

decreto. E' conseguentemente sospeso il decorso dei relativi termini di prescrizione.

2. Nelle ipotesi di confisca dei beni, aziende o partecipazioni societarie sequestrati, i crediti erariali si estinguono per confusione ai sensi dell'articolo 1253 del codice civile. Entro i limiti degli importi dei debiti che si estinguono per confusione, non si applicano le disposizioni di cui all'articolo 31, comma 1, del decreto-legge 31 maggio 2010, n. 78, convertito, con modificazioni, dalla legge 30 luglio 2010, n. 122.

Art. 51
Regime-fiscale e degli oneri economici

1. I redditi derivanti dai beni sequestrati continuano ad essere assoggettati a tassazione con riferimento alle categorie di reddito previste dall'articolo 6 del testo unico delle Imposte sui Redditi approvato con decreto del Presidente della Repubblica 22 dicembre 1986, n. 917 con le medesime modalita' applicate prima del sequestro.

2. **Se il sequestro si protrae oltre il periodo d'imposta in cui ha avuto inizio, il reddito derivante dai beni sequestrati relativo alla residua frazione di tale periodo e a ciascun successivo periodo intermedio e' determinato ai fini fiscali in via provvisoria dall'amministratore giudiziario, che e' tenuto, nei termini ordinari, al versamento delle relative imposte, nonche' agli adempimenti dichiarativi e, ove ricorrano, agli obblighi contabili e a quelli previsti a carico del sostituto d'imposta di cui al decreto del Presidente della Repubblica 29 settembre 1973, n. 600.**

3. In caso di confisca la tassazione operata in via provvisoria si considera definitiva. In caso di revoca del sequestro l'Agenzia delle Entrate effettua la liquidazione definitiva delle imposte sui redditi calcolate in via provvisoria nei confronti del soggetto sottoposto alla misura cautelare.

3-bis. Durante la vigenza dei provvedimenti di sequestro e confisca e, comunque, fino alla assegnazione o destinazione dei beni a cui si riferiscono, e' sospeso il versamento di imposte, tasse e tributi dovuti con riferimento agli immobili oggetto di sequestro il cui presupposto impositivo consiste nella titolarita' del diritto di proprieta' o nel possesso degli stessi. Gli atti e i contratti relativi agli immobili di cui al precedente periodo sono esenti dall'imposta di registro di cui al decreto del Presidente della Repubblica 26 aprile 1986, n. 131, dalle imposte ipotecarie e catastale di cui al decreto legislativo 31 ottobre 1990, n. 347, e dall'imposta di bollo di cui al decreto del Presidente della Repubblica 26 ottobre 1972, n. 642. Durante la vigenza dei provvedimenti di sequestro e confisca e, comunque fino alla loro assegnazione o destinazione, non rilevano, ai fini della determinazione delle imposte sui redditi, i redditi prodotti dai beni immobili oggetto di sequestro situati nel territorio dello Stato e dai beni immobili situati all'estero, anche se locati, quando determinati secondo le disposizioni del capo II del titolo I e dell'articolo 70 del testo unico delle imposte sui redditi di cui al decreto del Presidente della Repubblica 22 dicembre 1986, n. 917. I medesimi redditi non rilevano, altresi', nell'ipotesi di cui all'articolo 90, comma 1, quarto e quinto periodo, del medesimo testo unico. Se la confisca e' revocata, l'amministratore giudiziario ne da' comunicazione all'Agenzia delle entrate e agli altri enti competenti che provvedono alla liquidazione delle imposte, tasse e tributi, dovuti per il periodo di durata dell'amministrazione giudiziaria, in capo al soggetto cui i beni sono stati restituiti.

3-ter. Qualora sussista un interesse di natura generale, l'Agenzia puo' richiedere, senza oneri, i provvedimenti di sanatoria, consentiti dalle vigenti disposizioni di legge delle opere realizzate sui beni immobili che siano stati oggetto di confisca definitiva.

Titolo IV
LA TUTELA DEI TERZI E I RAPPORTI CON LE PROCEDURE CONCORSUALI
Capo I
Disposizioni generali
Art. 52
Diritti dei terzi

1. La confisca non pregiudica i diritti di credito dei terzi che risultano da atti aventi data certa anteriore al sequestro, nonche' i diritti reali di garanzia costituiti in epoca anteriore al sequestro, ove ricorrano le seguenti condizioni:

a) che il proposto non disponga di altri beni sui quali esercitare la garanzia patrimoniale idonea al soddisfacimento del credito, salvo che per i crediti assistiti da cause legittime di prelazione su beni sequestrati;

b) che il credito non sia strumentale all'attivita' illecita o a quella che ne costituisce il frutto o il reimpiego, sempre che il creditore dimostri la buona fede e l'inconsapevole affidamento;

c) nel caso di promessa di pagamento o di ricognizione di debito, che sia provato il rapporto fondamentale;

d) nel caso di titoli di credito, che il portatore provi il rapporto fondamentale e quello che ne legittima il possesso.

2. **I crediti di cui al comma 1 devono essere accertati secondo le disposizioni contenute negli articoli 57, 58 e 59 e** concorrono al riparto sul valore dei beni o dei compendi aziendali ai quali si riferiscono in base alle risultanze della contabilita' separata di cui all'articolo 37, comma 5.

2-bis. Gli interessi convenzionali, moratori e a qualunque altro titolo dovuti sui crediti di cui al comma 1 sono riconosciuti, nel loro complesso, nella misura massima comunque non superiore al tasso calcolato e pubblicato dalla Banca d'Italia sulla base di un paniere composto dai buoni del tesoro poliennali quotati sul mercato obbligazionario telematico (RENDISTATO).

3. Nella valutazione della buona fede, il tribunale tiene conto delle condizioni delle parti, dei rapporti personali e patrimoniali tra le stesse e del tipo di attivita' svolta dal creditore, anche con riferimento al ramo di attivita', alla sussistenza di particolari obblighi di diligenza nella fase precontrattuale nonche', in caso di enti, alle dimensioni degli stessi.

3-bis. **Il decreto con cui sia stata rigettata definitivamente la domanda di ammissione del credito, presentata ai sensi dell'articolo 58, comma 2, in ragione del mancato riconoscimento della buona fede nella concessione del credito, proposta da soggetto sottoposto alla vigilanza della Banca d'Italia, e' comunicato a quest'ultima ai sensi dell'articolo 9 del decreto legislativo 21 novembre 2007, n. 231, e successive modificazioni.**

4. **La confisca definitiva di un bene determina lo scioglimento dei contratti aventi ad oggetto un diritto personale di godimento o un diritto reale di garanzia, nonche' l'estinzione dei diritti reali di godimento sui beni stessi.**

5. Ai titolari dei diritti di cui al comma 4, spetta in prededuzione un equo indennizzo commisurato alla durata residua del contratto o alla durata del diritto reale. Se il diritto reale si estingue con la morte del titolare, la durata residua del diritto e' calcolata alla stregua della durata media della vita determinata sulla base di parametri statistici. Le modalita' di calcolo dell'indennizzo sono stabilite con decreto da emanarsi dal Ministro dell'economia e delle finanze e del Ministro della giustizia entro centoottanta giorni dall'entrata in vigore del presente decreto.

6. Se sono confiscati beni di cui viene dichiarata l'intestazione o il trasferimento fittizio, i creditori del proposto sono preferiti ai creditori chirografari in buona fede dell'intestatario fittizio, se il loro credito e' anteriore all'atto di intestazione fittizia.

7. In caso di confisca di beni in comunione, se il bene e' indivisibile, ai partecipanti in buona fede e' concesso diritto di prelazione per l'acquisto della quota confiscata al valore di mercato, salvo che sussista la possibilita' che il bene, in ragione del livello di infiltrazione criminale, possa tornare anche per interposta persona nella disponibilita' del sottoposto, di taluna delle associazioni di cui all'articolo 416-bis c.p., o dei suoi appartenenti. Si applicano le disposizioni di cui all'articolo 48, comma 5, sesto e settimo periodo.

8. Se i soggetti di cui al comma 7 non esercitano il diritto di prelazione o non si possa procedere alla vendita, il bene puo' essere acquisito per intero al patrimonio dello Stato al fine di soddisfare un concreto interesse pubblico e i partecipanti hanno diritto alla corresponsione di una somma equivalente al valore attuale della propria quota di proprieta', nell'ambito delle risorse disponibili a legislazione vigente.

9. Per i beni appartenenti al demanio culturale, ai sensi degli articoli 53 e seguenti del decreto legislativo 22 gennaio 2004, n. 42, la vendita non puo' essere disposta senza previa autorizzazione del Ministero per i beni e le attivita' culturali.

Art. 53
Limite della garanzia patrimoniale

1. I crediti per titolo anteriore al sequestro, verificati ai sensi delle disposizioni di cui al capo II, sono soddisfatti dallo Stato nel limite del 60 per cento del valore dei beni sequestrati o confiscati, risultante dal valore di stima o dalla minor somma eventualmente ricavata dalla vendita degli stessi, al netto delle spese del procedimento di confisca nonche' di amministrazione dei beni sequestrati e di quelle sostenute nel procedimento di cui agli articoli da 57 a 61.

Art. 54
Pagamento di crediti prededucibili

1. I crediti prededucibili sorti nel corso del procedimento di prevenzione che sono liquidi, esigibili e non contestati, non debbono essere accertati secondo le modalita' previste dagli articoli 57, 58 e 59, e possono essere soddisfatti, in tutto o in parte, al di fuori del piano di riparto, previa autorizzazione del giudice delegato.

2. Se l'attivo e' sufficiente e il pagamento non compromette la gestione, al pagamento di cui al comma 1 provvede l'amministratore giudiziario mediante prelievo dalle somme disponibili. In caso contrario, il pagamento e' anticipato dallo Stato. Tuttavia, se la confisca ha ad oggetto beni organizzati in azienda e il tribunale ha autorizzato la prosecuzione dell'attivita', la distribuzione avviene

mediante prelievo delle somme disponibili secondo criteri di graduazione e proporzionalita', conformemente all'ordine assegnato dalla legge.

3. Il giudice delegato, con il decreto di autorizzazione di cui al comma 1, indica il soggetto tenuto al pagamento del credito prededucibile.

Art. 54-bis
Pagamento di debiti anteriori al sequestro

1. L'amministratore giudiziario puo' chiedere al giudice delegato di essere autorizzato al pagamento, anche parziale o rateale, dei crediti per prestazioni di beni o servizi, sorti anteriormente al provvedimento di sequestro, nei casi in cui tali prestazioni siano collegate a rapporti commerciali essenziali per la prosecuzione dell'attivita'.

2. Nel programma di prosecuzione o ripresa dell'attivita' di cui all'articolo 41, il tribunale puo' autorizzare l'amministratore giudiziario a rinegoziare le esposizioni debitorie dell'impresa e a provvedere ai conseguenti pagamenti.

Art. 55
Azioni esecutive

1. A seguito del sequestro non possono essere iniziate o proseguite azioni esecutive. I beni gia' oggetto di esecuzione sono presi in consegna dall'amministratore giudiziario.

2. Le procedure esecutive gia' pendenti sono sospese sino alla conclusione del procedimento di prevenzione. Le procedure esecutive si estinguono in relazione ai beni per i quali interviene un provvedimento definitivo di confisca. In caso di dissequestro, la procedura esecutiva deve essere iniziata o riassunta entro il termine di un anno dall'irrevocabilita' del provvedimento che ha disposto la restituzione del bene.

3. Se il sequestro riguarda beni oggetto di domande giudiziali precedentemente trascritte, aventi ad oggetto il diritto di proprieta' ovvero diritti reali o personali di godimento o di garanzia sul bene, il terzo, che sia parte del giudizio, e' chiamato ad intervenire nel procedimento di prevenzione ai sensi degli articoli 23 e 57; il giudizio civile e' sospeso sino alla conclusione del procedimento di prevenzione.

4. In caso di revoca definitiva del sequestro o della confisca per motivi diversi dalla pretesa originariamente fatta valere in sede civile dal terzo chiamato ad intervenire, il giudizio civile deve essere riassunto entro un anno dalla revoca.

Art. 56
Rapporti pendenti

1. Se al momento dell'esecuzione del sequestro un contratto relativo all'azienda sequestrata o stipulato dal proposto in relazione al bene in stato di sequestro deve essere in tutto o in parte ancora eseguito, l'esecuzione del contratto rimane sospesa fino a quando l'amministratore giudiziario, previa autorizzazione del giudice delegato, dichiara di subentrare nel contratto in luogo del proposto, assumendo tutti i relativi obblighi, ovvero di risolvere il contratto, salvo che, nei contratti ad effetti reali, sia gia' avvenuto il trasferimento del diritto. La dichiarazione dell'amministratore giudiziario deve essere resa nei termini e nelle forme di cui all'articolo 41, commi 1-bis e 1-ter, e, in ogni caso, entro sei mesi dall'immissione nel possesso.

2. Il contraente puo' mettere in mora l'amministratore giudiziario, facendosi assegnare dal giudice delegato un termine non superiore a sessanta giorni,

decorso il quale il contratto si intende risolto.

3. Se dalla sospensione di cui al comma 1 puo' derivare un danno grave al bene o all'azienda, il giudice delegato autorizza, entro trenta giorni dall'esecuzione del sequestro, la provvisoria esecuzione dei rapporti pendenti. L'autorizzazione perde efficacia a seguito della dichiarazione prevista dal comma 1.

4. **La risoluzione del contratto in forza di provvedimento del giudice delegato fa salvo il diritto al risarcimento del danno nei soli confronti del proposto e il contraente ha diritto di far valere nel passivo il credito conseguente al mancato adempimento secondo le disposizioni previste al capo II del presente titolo.**

5. In caso di scioglimento del contratto preliminare di vendita immobiliare, trascritto ai sensi dell'articolo 2645-bis del codice civile, l'acquirente ha diritto di far valere il proprio credito secondo le disposizioni del capo II del presente titolo e gode del privilegio previsto nell'articolo 2775-bis del codice civile a condizione che gli effetti della trascrizione del contratto preliminare non siano cessati anteriormente alla data del sequestro. Al promissario acquirente non e' dovuto alcun risarcimento o indennizzo.

Capo II
Accertamento dei diritti dei terzi
Art. 57
Elenco dei crediti. Fissazione dell'udienza di verifica dei crediti

1. **L'amministratore giudiziario allega alle relazioni da presentare al giudice delegato l'elenco nominativo di tutti i creditori anteriori al sequestro, ivi compresi quelli di cui all'articolo 54-bis, l'indicazione dei crediti e delle rispettive scadenze e l'elenco nominativo di coloro che vantano diritti reali di godimento o garanzia o diritti personali sui beni, con l'indicazione delle cose stesse e del titolo da cui sorge il diritto.**

2. **Il giudice delegato, dopo il deposito del decreto di confisca di primo grado, assegna ai creditori un termine perentorio, non superiore a sessanta giorni, per il deposito delle istanze di accertamento dei rispettivi diritti e fissa la data dell'udienza di verifica dei crediti entro i sessanta giorni successivi. Il decreto e' immediatamente notificato agli interessati, a cura dell'amministratore giudiziario.**

3. Il giudice delegato fissa per l'esame delle domande tardive di cui all'articolo 58, comma 6, un'udienza ogni sei mesi, salvo che sussistano motivi d'urgenza.

Art. 58
Domanda del creditore

1. I creditori di cui all'articolo 52 presentano al giudice domanda di ammissione del credito.

2. La domanda di cui al comma 1 contiene:
a) le generalita' del creditore;
b) la determinazione del credito di cui si chiede l'ammissione allo stato passivo ovvero la descrizione del bene su cui si vantano diritti;
c) l'esposizione dei fatti e degli elementi di diritto che costituiscono la ragione della domanda, con i relativi documenti giustificativi;
d) l'eventuale indicazione del titolo di prelazione, nonche' la descrizione del bene sul quale la prelazione si esercita, se questa ha carattere speciale.

3. Il creditore elegge domicilio nel comune in cui ha sede il tribunale procedente. E' facolta' del creditore indicare, quale modalita' di notificazione e di comunicazione, la trasmissione per posta elettronica o per telefax ed e' onere dello stesso comunicare alla procedura

ogni variazione del domicilio o delle predette modalita'; in difetto, tutte le notificazioni e le comunicazioni sono eseguite mediante deposito in cancelleria.

4. La domanda non interrompe la prescrizione ne' impedisce la maturazione di termini di decadenza nei rapporti tra il creditore e l'indiziato o il terzo intestatario dei beni.

5. **La domanda e' depositata, a pena di decadenza, entro il termine di cui all'articolo 57, comma 2. Successivamente, e comunque non oltre il termine di un anno dal deposito del decreto di esecutivita' dello stato passivo, le domande relative ad ulteriori crediti sono ammesse solo ove il creditore provi, a pena di inammissibilita' della richiesta, di non aver potuto presentare la domanda tempestivamente per causa a lui non imputabile. Al procedimento si applica l'articolo 59.**

5-bis. **L'amministratore giudiziario esamina le domande e redige un progetto di stato passivo rassegnando le proprie motivate conclusioni sull'ammissione o sull'esclusione di ciascuna domanda.**

5-ter. **L'amministratore giudiziario deposita il progetto di stato passivo almeno venti giorni prima dell'udienza fissata per la verifica dei crediti. I creditori e i titolari dei diritti sui beni oggetto di confisca possono presentare osservazioni scritte e depositare documentazioni aggiuntive, a pena di decadenza, fino a cinque giorni prima dell'udienza.**

Art. 59
Verifica dei crediti. Composizione dello stato passivo

1. All'udienza fissata per la verifica dei crediti il giudice delegato, con l'assistenza dell'amministratore giudiziario e con la partecipazione facoltativa del pubblico ministero, assunte anche d'ufficio le opportune informazioni, verifica le domande, indicando distintamente i crediti che ritiene di ammettere, con indicazione delle eventuali cause di prelazione, e quelli che ritiene di non ammettere, in tutto o in parte, esponendo succintamente i motivi dell'esclusione.

2. All'udienza di verifica gli interessati possono farsi assistere da un difensore. L'Agenzia puo' sempre partecipare per il tramite di un proprio rappresentante, nonche' depositare atti e documenti.

3. Terminato l'esame di tutte le domande, il giudice delegato forma lo stato passivo e lo rende esecutivo con decreto depositato in cancelleria e comunicato all'Agenzia. Del deposito l'amministratore giudiziario da' notizia agli interessati non presenti a mezzo di raccomandata con avviso di ricevimento. Nel caso previsto dall'articolo 58, comma 3, secondo periodo, la comunicazione puo' essere eseguita per posta elettronica o per telefax.

4. I provvedimenti di ammissione e di esclusione dei crediti producono effetti solo nei confronti dell'Erario.

5. Gli errori materiali contenuti nello stato passivo sono corretti con decreto del giudice delegato su istanza dell'amministratore giudiziario o del creditore, sentito il pubblico ministero, l'amministratore giudiziario e la parte interessata.

6. **Entro trenta giorni dalla comunicazione di cui al comma 3, i creditori esclusi possono proporre opposizione mediante ricorso al tribunale che ha applicato la misura di prevenzione. Ciascun creditore puo' impugnare nello stesso termine e con le stesse modalita' i crediti ammessi, ivi compresi quelli di cui all'articolo 54-bis.**

7. Il tribunale tratta in modo congiunto le opposizioni e le impugnazioni fissando un'apposita udienza in camera di consiglio, della quale l'amministratore giudiziario da' comunicazione agli interessati.

8. All'udienza ciascuna parte puo' svolgere, con l'assistenza del difensore, le proprie deduzioni e produrre documenti nuovi solo se prova di non esserne venuta in possesso tempestivamente per causa alla parte stessa non imputabile.

9. All'esito il tribunale decide con decreto ricorribile per cassazione nel termine di trenta giorni dalla sua notificazione.

10. COMMA ABROGATO DALLA L. 17 OTTOBRE 2017, N. 161.

Art. 60
Liquidazione dei beni

1. Dopo l'irrevocabilita' del provvedimento di confisca, l'Agenzia procede al pagamento dei creditori ammessi al passivo in ragione delle distinte masse nonche' dell'ordine dei privilegi e delle cause legittime di prelazione sui beni trasferiti al patrimonio dello Stato. L'Agenzia, ove le somme apprese, riscosse o comunque ricevute non siano sufficienti a soddisfare i creditori utilmente collocati al passivo, procede alla liquidazione dei beni mobili, delle aziende o rami d'azienda e degli immobili. Ove ritenga che dalla redditivita' dei beni si possano conseguire risorse necessarie al pagamento dei crediti, l'Agenzia puo' ritardare la vendita degli stessi non oltre un anno dall'irrevocabilita' del provvedimento di confisca.

2. Le vendite sono effettuate dall'Agenzia con procedure competitive sulla base del valore di stima risultante dalle relazioni di cui agli articoli 36 e 41, comma 1, o utilizzando stime effettuate da parte di esperti.

3. Con adeguate forme di pubblicita', sono assicurate, nell'individuazione dell'acquirente, la massima informazione e partecipazione degli interessati. La vendita e' conclusa previa acquisizione del parere ed assunte le informazioni di cui all'articolo 48, comma 5, ultimo periodo.

4. L'Agenzia puo' sospendere la vendita non ancora conclusa ove pervenga offerta irrevocabile d'acquisto migliorativa per un importo non inferiore al 10 per cento del prezzo offerto.

5. COMMA ABROGATO DALLA L. 17 OTTOBRE 2017, N. 161.

Art. 61
Progetto e piano di pagamento dei crediti

1. Dopo l'irrevocabilita' del provvedimento di confisca l'Agenzia redige il progetto di pagamento dei crediti. Il progetto contiene l'elenco dei crediti utilmente collocati al passivo, con le relative cause di prelazione, nonche' l'indicazione degli importi da corrispondere a ciascun creditore.

2. I crediti, nei limiti previsti dall'articolo 53, sono soddisfatti nel seguente ordine:
1) pagamento dei crediti prededucibili;
2) pagamento dei crediti ammessi con prelazione sui beni confiscati, secondo l'ordine assegnato dalla legge;
3) pagamento dei creditori chirografari, in proporzione dell'ammontare del credito per cui ciascuno di essi e' stato ammesso, compresi i creditori indicati al n. 2), per la parte per cui sono rimasti insoddisfatti sul valore dei beni oggetto della garanzia.

3. Sono considerati debiti prededucibili quelli cosi' qualificati da una specifica disposizione di legge, e quelli sorti in

occasione o in funzione del procedimento di prevenzione, incluse le somme anticipate dallo Stato ai sensi dell'articolo 42.

4. **L'Agenzia, predisposto il progetto di pagamento, ne ordina il deposito disponendo che dello stesso sia data comunicazione a tutti i creditori.**

5. Entro dieci giorni dalla comunicazione di cui al comma 4 i creditori possono presentare osservazioni sulla graduazione e sulla collocazione dei crediti, nonche' sul valore dei beni o delle aziende confiscati.

6. **L'Agenzia, decorso il termine di cui al comma 5, tenuto conto delle osservazioni ove pervenute, determina il piano di pagamento.**

7. **Entro dieci giorni dalla comunicazione del piano di pagamento, i creditori possono proporre opposizione dinanzi alla sezione civile della corte di appello del distretto della sezione specializzata o del giudice penale competente ad adottare il provvedimento di confisca. Si procede in camera di consiglio e si applicano gli articoli 702-bis e seguenti del codice di procedura civile. Le somme contestate sono accantonate. Ove non sia possibile procedere all'accantonamento, i pagamenti sono sospesi fino alla decisione sull'opposizione.**

8. **Divenuto definitivo il piano di pagamento, l'Agenzia procede ai pagamenti dovuti entro i limiti di cui all'articolo 53.**

9. I pagamenti effettuati in esecuzione dei piani di pagamento non possono essere ripetuti, salvo il caso dell'accoglimento di domande di revocazione.

10. I creditori che hanno percepito pagamenti non dovuti, devono restituire le somme riscosse, oltre agli interessi legali dal momento del pagamento effettuato a loro favore. In caso di mancata restituzione, le somme sono pignorate secondo le forme stabilite per i beni mobili dal codice di procedura civile.

Art. 62
Revocazione

1. Il pubblico ministero, l'amministratore giudiziario e l'Agenzia possono in ogni tempo chiedere la revocazione del provvedimento di ammissione del credito al passivo quando emerga che esso e' stato determinato da falsita', dolo, errore essenziale di fatto o dalla mancata conoscenza di documenti decisivi che non sono stati prodotti tempestivamente per causa non imputabile al ricorrente. La revocazione e' proposta dinanzi al tribunale della prevenzione nei confronti del creditore la cui domanda e' stata accolta. Se la domanda e' accolta, si applica l'articolo 61, comma 10.

Capo III
Rapporti con le procedure concorsuali
Art. 63
Dichiarazione di fallimento successiva al sequestro

1. Salva l'iniziativa per la dichiarazione di fallimento assunta dal debitore o da uno o piu' creditori, il pubblico ministero, anche su segnalazione dell'amministratore giudiziario che ne rilevi i presupposti, chiede al tribunale competente che venga dichiarato il fallimento dell'imprenditore i cui beni aziendali siano sottoposti a sequestro o a confisca.

2. Nel caso in cui l'imprenditore di cui al comma 1 sia soggetto alla procedura di liquidazione coatta amministrativa con esclusione del fallimento, il pubblico ministero chiede al tribunale competente l'emissione del provvedimento di cui all'articolo 195 del regio decreto 16 marzo 1942, n. 267 e successive modificazioni.

3. Il pubblico ministero segnala alla Banca d'Italia la sussistenza del procedimento di prevenzione su beni appartenenti ad istituti bancari o creditizi ai fini dell'adozione dei provvedimenti di cui al titolo IV del decreto legislativo 1° settembre 1993, n. 385.

4. **Quando viene dichiarato il fallimento, i beni assoggettati a sequestro o confisca sono esclusi dalla massa attiva fallimentare. La verifica dei crediti e dei diritti inerenti ai rapporti relativi ai suddetti beni viene svolta dal giudice delegato del tribunale di prevenzione nell'ambito del procedimento di cui agli articoli 52 e seguenti.**

5. Nel caso di cui al comma 4, il giudice delegato al fallimento provvede all'accertamento del passivo e dei diritti dei terzi nelle forme degli articoli 92 e seguenti del regio decreto 16 marzo 1942, n. 267, verificando altresi', anche con riferimento ai rapporti relativi ai beni sottoposti a sequestro, la sussistenza delle condizioni di cui all'articolo 52, comma 1, lettere b), c) e d) e comma 3 del presente decreto.

6. **Se nella massa attiva del fallimento sono ricompresi esclusivamente beni gia' sottoposti a sequestro, il tribunale, sentiti il curatore e il comitato dei creditori, dichiara chiuso il fallimento con decreto ai sensi dell'articolo 119 del regio decreto 16 marzo 1942, n. 267, e successive modificazioni.**

7. **In caso di revoca del sequestro o della confisca, il curatore procede all'apprensione dei beni ai sensi del capo IV del titolo II del regio decreto 16 marzo 1942, n. 267, e successive modificazioni. Il giudice delegato al fallimento procede alla verifica dei crediti e dei diritti in relazione ai beni per i quali e' intervenuta la revoca del sequestro o della confisca. Se la revoca interviene dopo la chiusura**

del fallimento, il tribunale provvede ai sensi dell'articolo 121 del regio decreto 16 marzo 1942, n. 267, e successive modificazioni, anche su iniziativa del pubblico ministero, ancorche' sia trascorso il termine di cinque anni dalla chiusura del fallimento. Il curatore subentra nei rapporti processuali in luogo dell'amministratore giudiziario.

8. L'amministratore giudiziario propone le azioni disciplinate dalla sezione III del capo III del titolo II del regio decreto 16 marzo 1942, n. 267, con gli effetti di cui all'articolo 70 del medesimo decreto, ove siano relative ad atti, pagamenti o garanzie concernenti i beni oggetto di sequestro. Gli effetti del sequestro e della confisca si estendono ai beni oggetto dell'atto dichiarato inefficace.

8-bis. **L'amministratore giudiziario, ove siano stati sequestrati complessi aziendali e produttivi o partecipazioni societarie di maggioranza, prima che intervenga la confisca definitiva, puo', previa autorizzazione del tribunale ai sensi dell'articolo 41, presentare al tribunale fallimentare competente ai sensi dell'articolo 9 del regio decreto 16 marzo 1942, n. 267, e successive modificazioni, in quanto compatibile, domanda per l'ammissione al concordato preventivo, di cui agli articoli 160 e seguenti del citato regio decreto n. 267 del 1942, nonche' accordo di ristrutturazione dei debiti ai sensi dell'articolo 182-bis del regio decreto n. 267 del 1942, o predisporre un piano attestato ai sensi dell'articolo 67, terzo comma, lettera d), del regio decreto n. 267 del 1942. Ove finalizzato a garantire la salvaguardia dell'unita' produttiva e il mantenimento dei livelli occupazionali, il piano di ristrutturazione puo' prevedere l'alienazione dei beni sequestrati anche fuori dei casi di cui all'articolo 48.**

Art. 64
Sequestro successivo alla dichiarazione di fallimento

1. Ove sui beni compresi nel fallimento ai sensi dell'articolo 42 del regio decreto 16 marzo 1942, n. 267 sia disposto sequestro, il giudice delegato al fallimento, sentito il curatore ed il comitato dei creditori, dispone con decreto non reclamabile la separazione di tali beni dalla massa attiva del fallimento e la loro consegna all'amministratore giudiziario.

2. **Salvo quanto previsto dal comma 7, i crediti e i diritti inerenti ai rapporti relativi ai beni sottoposti a sequestro, ancorche' gia' verificati dal giudice del fallimento, sono ulteriormente verificati dal giudice delegato del tribunale di prevenzione ai sensi degli articoli 52 e seguenti.**

3. COMMA ABROGATO DALLA L. 17 OTTOBRE 2017, N. 161.

4. **Se sono pendenti, con riferimento ai crediti e ai diritti inerenti ai rapporti relativi per cui interviene il sequestro, i giudizi di impugnazione di cui all'articolo 98 del regio decreto 16 marzo 1942, n. 267, e successive modificazioni, il tribunale fallimentare sospende il giudizio sino all'esito del procedimento di prevenzione. Le parti interessate, in caso di revoca del sequestro, dovranno riassumere il giudizio.**

5. COMMA ABROGATO DALLA L. 17 OTTOBRE 2017, N. 161.

6. **I crediti di cui al comma 2, verificati ai sensi degli articoli 53 e seguenti dal giudice delegato del tribunale di prevenzione, sono soddisfatti sui beni oggetto di confisca secondo il piano di pagamento di cui all'articolo 61.**

7. **Se il sequestro o la confisca di prevenzione hanno per oggetto l'intera massa attiva fallimentare ovvero, nel caso di societa' di persone, l'intero patrimonio personale dei soci illimitatamente responsabili, il tribunale, sentiti il curatore e il comitato dei creditori, dichiara la chiusura del fallimento con decreto ai sensi dell'articolo 119 del regio decreto 16 marzo 1942, n. 267, e successive modificazioni.**

8. Se il sequestro o la confisca intervengono dopo la chiusura del fallimento, essi si eseguono su quanto eventualmente residua dalla liquidazione.

9. Si applica l'articolo 63, comma 8, ed ove le azioni siano state proposte dal curatore, l'amministratore lo sostituisce nei processi in corso.

10. Se il sequestro o la confisca sono revocati prima della chiusura del fallimento, i beni sono nuovamente ricompresi nella massa attiva. L'amministratore giudiziario provvede alla consegna degli stessi al curatore, il quale prosegue i giudizi di cui al comma 9.

11. Se il sequestro o la confisca sono revocati dopo la chiusura del fallimento, si provvede ai sensi dell'articolo 63, comma 7.

Art. 65
Rapporti del controllo giudiziario e dell'amministrazione giudiziaria con il fallimento

1. Il controllo e l'amministrazione giudiziaria non possono essere disposti su beni compresi nel fallimento.

2. Quando la dichiarazione di fallimento e' successiva all'applicazione delle misure di prevenzione del controllo ovvero dell'amministrazione giudiziaria, la misura di prevenzione cessa sui beni compresi nel fallimento. La cessazione e' dichiarata dal tribunale con ordinanza.

3. Nel caso previsto al comma 2, se alla chiusura del fallimento residuano beni gia' sottoposti alle anzidette misure di prevenzione, il tribunale della prevenzione dispone con decreto

l'applicazione della misura sui beni medesimi, ove persistano le esigenze di prevenzione.

Titolo V
EFFETTI, SANZIONI E DISPOSIZIONI FINALI
Capo I
Effetti delle misure di prevenzione
Art. 66
Principi generali

1. L'applicazione delle misure di prevenzione di cui al libro I, titolo I, importa gli effetti previsti dal presente capo, nonche' gli effetti dalla legge espressamente indicati.

2. L'applicazione delle misure di prevenzione di cui al libro I, titolo II, importa gli effetti dalla legge espressamente indicati.

Art. 67
Effetti delle misure di prevenzione

1. Le persone alle quali sia stata applicata con provvedimento definitivo una delle misure di prevenzione previste dal libro I, titolo I, capo II non possono ottenere:
a) licenze o autorizzazioni di polizia e di commercio; b) concessioni di acque pubbliche e diritti ad esse inerenti nonche' concessioni di beni demaniali allorche' siano richieste per l'esercizio di attivita' imprenditoriali;
c) concessioni di costruzione e gestione di opere riguardanti la pubblica amministrazione e concessioni di servizi pubblici;
d) iscrizioni negli elenchi di appaltatori o di fornitori di opere, beni e servizi riguardanti la pubblica amministrazione, nei registri della camera di commercio per l'esercizio del commercio all'ingrosso e nei registri di commissionari astatori presso i mercati annonari all'ingrosso;
e) attestazioni di qualificazione per eseguire lavori pubblici;

f) altre iscrizioni o provvedimenti a contenuto autorizzatorio, concessorio, o abilitativo per lo svolgimento di attivita' imprenditoriali, comunque denominati;
g) contributi, finanziamenti o mutui agevolati ed altre erogazioni dello stesso tipo, comunque denominate, concessi o erogati da parte dello Stato, di altri enti pubblici o delle Comunita' europee, per lo svolgimento di attivita' imprenditoriali;
h) licenze per detenzione e porto d'armi, fabbricazione, deposito, vendita e trasporto di materie esplodenti.

2. Il provvedimento definitivo di applicazione della misura di prevenzione determina la decadenza di diritto dalle licenze, autorizzazioni, concessioni, iscrizioni, attestazioni, abilitazioni ed erogazioni di cui al comma 1, nonche' il divieto di concludere contratti pubblici di lavori, servizi e forniture, di cottimo fiduciario e relativi subappalti e subcontratti, compresi i cottimi di qualsiasi tipo, i noli a caldo e le forniture con posa in opera. Le licenze, le autorizzazioni e le concessioni sono ritirate e le iscrizioni sono cancellate ed e' disposta la decadenza delle attestazioni a cura degli organi competenti.

3. Nel corso del procedimento di prevenzione, il tribunale, se sussistono motivi di particolare gravita', puo' disporre in via provvisoria i divieti di cui ai commi 1 e 2 e sospendere l'efficacia delle iscrizioni, delle erogazioni e degli altri provvedimenti ed atti di cui ai medesimi commi. Il provvedimento del tribunale puo' essere in qualunque momento revocato dal giudice procedente e perde efficacia se non e' confermato con il decreto che applica la misura di prevenzione.

4. Il tribunale, salvo quanto previsto all'articolo 68, dispone che i divieti e le decadenze previsti dai commi 1 e 2

operino anche nei confronti di chiunque conviva con la persona sottoposta alla misura di prevenzione nonche' nei confronti di imprese, associazioni, societa' e consorzi di cui la persona sottoposta a misura di prevenzione sia amministratore o determini in qualsiasi modo scelte e indirizzi. In tal caso i divieti sono efficaci per un periodo di cinque anni.

5. Per le licenze ed autorizzazioni di polizia, ad eccezione di quelle relative alle armi, munizioni ed esplosivi, e per gli altri provvedimenti di cui al comma 1 le decadenze e i divieti previsti dal presente articolo possono essere esclusi dal giudice nel caso in cui per effetto degli stessi verrebbero a mancare i mezzi di sostentamento all'interessato e alla famiglia.

6. Salvo che si tratti di provvedimenti di rinnovo, attuativi o comunque conseguenti a provvedimenti gia' disposti, ovvero di contratti derivati da altri gia' stipulati dalla pubblica amministrazione, le licenze, le autorizzazioni, le concessioni, le erogazioni, le abilitazioni e le iscrizioni indicate nel comma 1 non possono essere rilasciate o consentite e la conclusione dei contratti o subcontratti indicati nel comma 2 non puo' essere consentita a favore di persone nei cui confronti e' in corso il procedimento di prevenzione senza che sia data preventiva comunicazione al giudice competente, il quale puo' disporre, ricorrendone i presupposti, i divieti e le sospensioni previsti a norma del comma 3. A tal fine, i relativi procedimenti amministrativi restano sospesi fino a quando il giudice non provvede e, comunque, per un periodo non superiore a venti giorni dalla data in cui la pubblica amministrazione ha proceduto alla comunicazione.

7. Dal termine stabilito per la presentazione delle liste e dei candidati e fino alla chiusura delle operazioni di voto, alle persone sottoposte, in forza di provvedimenti definitivi, alla misura della sorveglianza speciale di pubblica sicurezza e' fatto divieto di svolgere le attivita' di propaganda elettorale previste dalla legge 4 aprile 1956, n. 212, in favore o in pregiudizio di candidati partecipanti a qualsiasi tipo di competizione elettorale.

8. Le disposizioni dei commi 1, 2 e 4 si applicano anche nei confronti delle persone condannate con sentenza definitiva o, ancorche' non definitiva, confermata in grado di appello, per uno dei delitti di cui all'articolo 51, comma 3-bis, del codice di procedura penale.

Art. 68
Divieti e decadenze nei confronti dei conviventi

1. Il tribunale, prima di adottare alcuno dei provvedimenti di cui al comma 4 dell'articolo 67, chiama, con decreto motivato, ad intervenire nel procedimento le parti interessate, le quali possono, anche con l'assistenza di un difensore, svolgere in camera di consiglio le loro deduzioni e chiedere l'acquisizione di ogni elemento utile ai fini della decisione. Ai fini dei relativi accertamenti si applicano le disposizioni dell'articolo 19.

2. I provvedimenti previsti dal comma 4 dell'articolo 67 possono essere adottati, su richiesta del procuratore della Repubblica di cui all'articolo 17, commi 1 e 2, del direttore della Direzione investigativa antimafia, o del questore, quando ne ricorrano le condizioni, anche dopo l'applicazione della misura di prevenzione. Sulla richiesta provvede lo stesso tribunale che ha disposto la misura di prevenzione, con le forme previste per

il relativo procedimento e rispettando la disposizione di cui al precedente comma.

3. Si applicano le disposizioni di cui all'articolo 27, commi 1 e 2.

Art. 69
Elenco generale degli enti e delle amministrazioni

1. Con decreto del Presidente del Consiglio dei Ministri, d'intesa con tutti i Ministri interessati, e' costituito un elenco generale degli enti e delle amministrazioni legittimati a disporre le licenze, le concessioni e le iscrizioni e le attestazioni, nonche' le autorizzazioni, le abilitazioni e le erogazioni indicate nell'articolo 67, comma 1. Con le stesse modalita' saranno effettuati gli aggiornamenti eventualmente necessari.

2. Le cancellerie dei tribunali, delle corti d'appello e della Corte di cassazione debbono comunicare alla questura nella cui circoscrizione hanno sede, non oltre i cinque giorni dal deposito o, nel caso di atto impugnabile, non oltre i cinque giorni dalla scadenza del termine per l'impugnazione, copia dei provvedimenti emanati ai sensi degli articoli 7 e 10, nonche' dei provvedimenti di cui ai commi 3, 4, 5 e 7 dell'articolo 67, e all'articolo 68, comma 2. Nella comunicazione deve essere specificato se il provvedimento sia divenuto definitivo.

3. I procuratori della Repubblica, nel presentare al tribunale le proposte per l'applicazione di una delle misure di prevenzione, provvedono a darne contestuale comunicazione, in copia, alla questura nella cui circoscrizione ha sede il tribunale stesso.

4. I questori dispongono l'immediata immissione nel centro elaborazione dati di cui all'articolo 8 della legge 1° aprile 1981, n. 121, sia delle comunicazioni previste nei commi 2 e 3, sia delle proposte che essi stessi abbiano

presentato per l'applicazione di una delle misure di prevenzione indicate nel capoverso che precede. Le informazioni predette sono contestualmente trasmesse alle prefetture attraverso i terminali installati nei rispettivi centri telecomunicazione.

5. Le prefetture comunicano tempestivamente agli organi ed enti indicati dal decreto del Presidente del Consiglio dei ministri di cui al comma 1 e dai successivi decreti di aggiornamento, che abbiano sede nelle rispettive province, i provvedimenti esecutivi concernenti i divieti, le decadenze e le sospensioni previste nell'articolo 67. Per i provvedimenti di cui al comma 5 dell'articolo 67 la comunicazione, su motivata richiesta dell'interessato, puo' essere inviata anche ad organi o enti specificamente indicati nella medesima.

6. Ai fini dell'applicazione delle norme in materia di qualificazione degli esecutori dei lavori pubblici, la comunicazione va, comunque, fatta dalla prefettura di Roma al Ministero delle infrastrutture e dei trasporti e all'Autorita' per la vigilanza sui contratti pubblici di lavori, servizi e forniture, entro e non oltre cinque giorni dalla ricezione del dato; dell'informativa debbono costituire oggetto anche le proposte indicate nei commi 3 e 4.

Capo II
La riabilitazione
Art. 70
Riabilitazione

1. Dopo tre anni dalla cessazione della misura di prevenzione personale, l'interessato puo' chiedere la riabilitazione. La riabilitazione e' concessa, se il soggetto ha dato prova costante ed effettiva di buona condotta, dalla corte di appello nel cui distretto ha sede l'autorita' giudiziaria che dispone

l'applicazione della misura di prevenzione o dell'ultima misura di prevenzione.

2. La riabilitazione comporta la cessazione di tutti gli effetti pregiudizievoli riconnessi allo stato di persona sottoposta a misure di prevenzione nonche' la cessazione dei divieti previsti dall'articolo 67.

3. Si osservano, in quanto compatibili, le disposizioni del codice di procedura penale riguardanti la riabilitazione.

4. Quando e' stata applicata una misura di prevenzione personale nei confronti dei soggetti di cui all'articolo 4, comma 1, lettera a) e b), la riabilitazione puo' essere richiesta dopo cinque anni dalla cessazione della misura di prevenzione personale.

Capo III
Le sanzioni
Art. 71
Circostanza aggravante

1. Le pene stabilite per i delitti previsti dagli articoli 270-bis, 270-ter, 270-quater, 270-quater.1, 270-quinquies, **314, 316, 316-bis, 316-ter, 317, 318, 319, 319-ter, 319-quater, 320, 321, 322, 322-bis**, 336, 338, 353, 377, terzo comma, 378, 379, 416, 416-bis, **416-ter, 418**, 424, 435, 513-bis, 575, 600, 601, 602, 605, 610, 611, 612, 628, 629, 630, 632, 633, 634, 635, 636, 637, 638, 640-bis, 648-bis, 648-ter, del codice penale, nonche' per i delitti commessi con la finalita' di terrorismo di cui all'articolo 270-sexies del codice penale, sono aumentate da un terzo alla meta' e quelle stabilite per le contravvenzioni di cui agli articoli 695, primo comma, 696, 697, 698, 699 del codice penale sono aumentate nella misura di cui al secondo comma dell'articolo 99 del codice penale se il fatto e' commesso da persona sottoposta con provvedimento definitivo ad una

misura di prevenzione personale durante il periodo previsto di applicazione e sino a tre anni dal momento in cui ne e' cessata l'esecuzione.

2. In ogni caso si procede d'ufficio e quando i delitti di cui al comma 1, per i quali e' consentito l'arresto in flagranza, sono commessi da persone sottoposte alla misura di prevenzione, la polizia giudiziaria puo' procedere all'arresto anche fuori dei casi di flagranza.

3. Alla pena e' aggiunta una misura di sicurezza detentiva.

Art. 72
Reati concernenti le armi e gli esplosivi

1. Le pene stabilite per i reati concernenti le armi alterate nonche' le armi e le munizioni di cui all'articolo 1 della legge 18 aprile 1975, n. 110, sono triplicate e quelle stabilite per i reati concernenti le armi e le munizioni di cui all'articolo 2, commi primo e secondo, della stessa legge sono aumentate nella misura in cui al terzo comma dell'articolo 99 del codice penale, se i fatti sono commessi da persona sottoposta con provvedimento definitivo ad una misura di prevenzione personale durante il periodo previsto di applicazione e sino a tre anni dal momento in cui ne e' cessata l'esecuzione.

Art. 73
Violazioni al codice della strada

1. Nel caso di guida di un autoveicolo o motoveicolo, senza patente, o dopo che la patente sia stata negata, sospesa o revocata, la pena e' dell'arresto da sei mesi a tre anni, qualora si tratti di persona gia' sottoposta, con provvedimento definitivo, a una misura di prevenzione personale.

Art. 74
Reati del pubblico ufficiale

1. Il pubblico amministratore, il funzionario o il dipendente che,

intervenuta la decadenza o la sospensione di cui all'articolo 67, non dispone, entro trenta giorni dalla comunicazione, il ritiro delle licenze, autorizzazioni, abilitazioni o la cessazione delle erogazioni o concessioni ovvero la cancellazione dagli elenchi, e' punito con la reclusione da due a quattro anni.

2. Le stesse pene si applicano in caso di rilascio di licenze, concessioni, autorizzazioni o abilitazioni ovvero di iscrizioni e di attestazioni di qualificazione nonche' di concessione di erogazioni in violazione delle disposizioni di cui all'articolo 67.

3. Il pubblico amministratore, il funzionario o il dipendente dello Stato o di altro ente pubblico ovvero il concessionario di opere e di servizi pubblici nonche' il contraente generale che consente alla conclusione di contratti o subcontratti in violazione dei divieti previsti dall'articolo 67, e' punito con la reclusione da due a quattro anni.

4. Se il fatto di cui ai commi 1, 2 e 3 e' commesso per colpa, la pena e' della reclusione da tre mesi ad un anno.

Art. 75
Violazione degli obblighi inerenti alla sorveglianza speciale

1. Il contravventore agli obblighi inerenti alla sorveglianza speciale e' punito con l'arresto da tre mesi ad un anno.

2. Se l'inosservanza riguarda gli obblighi e le prescrizioni inerenti alla sorveglianza speciale con l'obbligo o il divieto di soggiorno, si applica la pena della reclusione da uno a cinque anni ed e' consentito l'arresto anche fuori dei casi di flagranza.

3. Nell'ipotesi indicata nel comma 2 gli ufficiali ed agenti di polizia giudiziaria possono procedere all'arresto anche fuori dei casi di flagranza.

4. Salvo quanto e' prescritto da altre disposizioni di legge, il sorvegliato speciale che, per un reato commesso dopo il decreto di sorveglianza speciale, abbia riportato condanna a pena detentiva non inferiore a sei mesi, puo' essere sottoposto a liberta' vigilata per un tempo non inferiore a due anni.

Art. 75-bis
Violazione delle misure imposte con provvedimenti d'urgenza

Il contravventore al divieto di espatrio conseguente all'applicazione delle misure di cui ai commi 1 e 2-bis dell'articolo 9 e' punito con la reclusione da uno a cinque anni.

Art. 76
Altre sanzioni penali

1. La persona che, avendo ottenuto l'autorizzazione di cui all'articolo 12, non rientri nel termine stabilito nel comune di soggiorno obbligato, o non osservi le prescrizioni fissate per il viaggio, ovvero si allontani dal comune ove ha chiesto di recarsi, e' punita con la reclusione da due a cinque anni; e' consentito l'arresto anche fuori dei casi di flagranza.

2. Chiunque violi il divieto di cui all'articolo 3, commi 4 e 5, e' punito con la reclusione da uno a tre anni e con la multa da euro 1.549 a euro 5.164. Gli strumenti, gli apparati, i mezzi e i programmi posseduti o utilizzati sono confiscati ed assegnati alle Forze di polizia, se ne fanno richiesta, per essere impiegati nei compiti di istituto.

3. Il contravventore alle disposizioni di cui all'articolo 2, e' punito con l'arresto da uno a sei mesi. Nella sentenza di condanna viene disposto che, scontata la pena, il contravventore sia tradotto al luogo del rimpatrio.

4. Chi non ottempera, nel termine fissato dal tribunale, all'ordine di deposito della cauzione di cui all'articolo 31, ovvero

omette di offrire le garanzie sostitutive di cui al comma 3 della medesima disposizione, e' punito con la pena dell'arresto da sei mesi a due anni.

5. La persona a cui e' stata applicata l'amministrazione giudiziaria dei beni personali, la quale con qualsiasi mezzo, anche simulato, elude o tenta di eludere l'esecuzione del provvedimento e' punita con la reclusione da tre a cinque anni. La stessa pena si applica a chiunque anche fuori dei casi di concorso nel reato, aiuta la persona indicata a sottrarsi all'esecuzione del provvedimento. Per il reato di cui al comma precedente si procede in ogni caso con giudizio direttissimo.

6. **Chi omette di adempiere ai doveri informativi di cui alla lettera a) del comma 2 dell'articolo 34-bis nei confronti dell'amministratore giudiziario e' punito con la reclusione da uno a quattro anni. Alla condanna consegue la confisca dei beni acquistati e dei pagamenti ricevuti per i quali e' stata omessa la comunicazione.**

7. Chiunque, essendovi tenuto, omette di comunicare entro i termini stabiliti dalla legge le variazioni patrimoniali indicate nell'articolo 80 e' punito con la reclusione da due a sei anni e con la multa da euro 10.329 a euro 20.658. Alla condanna segue la confisca dei beni a qualunque titolo acquistati nonche' del corrispettivo dei beni a qualunque titolo alienati. Nei casi in cui non sia possibile procedere alla confisca dei beni acquistati ovvero del corrispettivo dei beni alienati, il giudice ordina la confisca, per un valore equivalente, di somme di denaro, beni o altre utilita' dei quali i soggetti di cui all'articolo 80, comma 1, hanno la disponibilita'.

8. Salvo che il fatto costituisca piu' grave reato, il contravventore al divieto di cui all'articolo 67, comma 7 e' punito con la reclusione **da uno a sei anni**. La stessa pena si applica al candidato che, avendo diretta conoscenza della condizione di sottoposto in via definitiva alla misura della sorveglianza speciale di pubblica sicurezza, richiede al medesimo di svolgere le attivita' di propaganda elettorale previste all'articolo 67, comma 7 e se ne avvale concretamente. L'esistenza del fatto deve risultare anche da prove diverse dalle dichiarazioni del soggetto sottoposto alla misura di prevenzione.

9. La condanna alla pena della reclusione, anche se conseguente all'applicazione della pena su richiesta delle parti a norma dell'articolo 444 del codice di procedura penale, per il delitto previsto dal comma 8, comporta l'interdizione dai pubblici uffici per la durata della pena detentiva. A tal fine la cancelleria del giudice che ha pronunciato la sentenza trasmette copia dell'estratto esecutivo, chiusa in piego sigillato, all'organo o all'ente di appartenenza per l'adozione degli atti di competenza. Nel caso in cui il condannato sia un membro del Parlamento, la Camera di appartenenza adotta le conseguenti determinazioni secondo le norme del proprio regolamento. Dall'interdizione dai pubblici uffici consegue l'ineleggibilita' del condannato per la stessa durata della pena detentiva. La sospensione condizionale della pena non ha effetto ai fini dell'interdizione dai pubblici uffici.

Capo IV
Disposizioni finali
Art. 77
Fermo di indiziato di delitto

1. Nei confronti dei soggetti di cui all'articolo 4 il fermo di indiziato di delitto e' consentito anche al di fuori dei limiti di cui all'articolo 384 del codice di

procedura penale, purche' si tratti di reato per il quale e' consentito l'arresto facoltativo in flagranza ai sensi dell'articolo 381 del medesimo codice.

Art. 78
Intercettazioni telefoniche

1. Il procuratore della Repubblica del luogo dove le operazioni debbono essere eseguite, puo' autorizzare gli ufficiali di polizia giudiziaria ad intercettare comunicazioni o conversazioni telefoniche o telegrafiche o quelle indicate nell'articolo 623-bis del codice penale, quando lo ritenga necessario al fine di controllare che i soggetti nei cui confronti sia stata applicata una delle misure di prevenzione di cui al libro I, titolo I, capo II non continuino a porre in essere attivita' o comportamenti analoghi a quelli che hanno dato luogo all'applicazione della misura di prevenzione.

2. Si osservano, in quanto compatibili, le modalita' previste dall'articolo 268 del codice di procedura penale.

3. Gli elementi acquisiti attraverso le intercettazioni possono essere utilizzati esclusivamente per la prosecuzione delle indagini e sono privi di ogni valore ai fini processuali.

4. Le registrazioni debbono essere trasmesse al procuratore della Repubblica che ha autorizzato le operazioni, il quale dispone la distruzione delle registrazioni stesse e di ogni loro trascrizione, sia pure parziale.

Art. 79
Verifiche fiscali, economiche e patrimoniali a carico di soggetti sottoposti a misure di prevenzione

1. Salvo quanto previsto dagli articoli 25 e 26 della legge 13 settembre 1982, n. 646, a carico delle persone nei cui confronti sia stata disposta, con provvedimento anche non definitivo, una misura di prevenzione, il nucleo di polizia tributaria del Corpo della guardia di finanza, competente in relazione al luogo di dimora abituale del soggetto, puo' procedere alla verifica della relativa posizione fiscale, economica e patrimoniale ai fini dell'accertamento di illeciti valutari e societari e comunque in materia economica e finanziaria, anche allo scopo di verificare l'osservanza della disciplina dei divieti autorizzatori, concessori o abilitativi di cui all'articolo 67.

2. Le indagini di cui al comma 1 sono effettuate anche nei confronti dei soggetti di cui all'articolo 19, comma 3, e all'articolo 67, comma 4. Nei casi in cui il domicilio fiscale, il luogo di effettivo esercizio dell'attivita', ovvero il luogo di dimora abituale dei soggetti da sottoporre a verifica sia diverso da quello delle persone di cui al comma 1, il nucleo di polizia tributaria puo' delegare l'esecuzione degli accertamenti di cui al presente comma ai reparti del Corpo della guardia di finanza competenti per territorio.

3. Copia del provvedimento di applicazione della misura di prevenzione e' trasmessa, a cura della cancelleria competente, al nucleo di polizia tributaria indicato al comma 1.

4. Per l'espletamento delle indagini di cui al presente articolo, i militari del Corpo della guardia di finanza, oltre ai poteri e alle facolta' previsti dall'articolo 2 del decreto legislativo 19 marzo 2001, n. 68, si avvalgono dei poteri di cui all'articolo 19, comma 4, nonche' dei poteri attribuiti agli appartenenti al nucleo speciale di polizia valutaria ai sensi del decreto legislativo 21 novembre 2007, n. 231.

5. La revoca del provvedimento con il quale e' stata disposta una misura di prevenzione non preclude l'utilizzazione

ai fini fiscali degli elementi acquisiti nel corso degli accertamenti svolti ai sensi del comma 1.

6. Ai fini dell'accertamento delle imposte sui redditi e dell'imposta sul valore aggiunto, ai dati, alle notizie e ai documenti acquisiti ai sensi del comma 4 si applicano le disposizioni di cui all'articolo 51, secondo comma, numero 2), secondo periodo, del decreto del Presidente della Repubblica 26 ottobre 1972, n. 633, e successive modificazioni, e all'articolo 32, primo comma, numero 2), secondo periodo, del decreto del Presidente della Repubblica 29 settembre 1973, n. 600, e successive modificazioni.

7. Tutti gli elementi acquisiti in occasione delle indagini di cui al presente articolo, e comunque le variazioni patrimoniali superiori a euro 10.329,14 intervenute negli ultimi tre anni, con riguardo sia ai conferenti sia ai beneficiari, devono essere comunicati anche ai sensi dell'articolo 6 della legge 1° aprile 1981, n. 121.

Art. 80
Obbligo di comunicazione

1. Salvo quanto previsto dall'articolo 30 della legge 13 settembre 1982, n. 646, le persone gia' sottoposte, con provvedimento definitivo, ad una misura di prevenzione, sono tenute a comunicare per dieci anni, ed entro trenta giorni dal fatto, al nucleo di polizia tributaria del luogo di dimora abituale, tutte le variazioni nell'entita' e nella composizione del patrimonio concernenti elementi di valore non inferiore ad euro 10.329,14. Entro il 31 gennaio di ciascun anno, i soggetti di cui al periodo precedente sono altresi' tenuti a comunicare le variazioni intervenute nell'anno precedente, quando concernono complessivamente elementi di valore non inferiore ad euro 10.329,14.

Sono esclusi i beni destinati al soddisfacimento dei bisogni quotidiani.

2. Il termine di dieci anni decorre dalla data del decreto ovvero dalla data della sentenza definitiva di condanna.

3. Gli obblighi previsti nel comma 1 cessano quando la misura di prevenzione e' a qualunque titolo revocata.

Art. 81
Registro delle misure di prevenzione

1. Presso le segreterie delle procure della Repubblica e presso le cancellerie dei tribunali sono istituiti appositi registri, anche informatici, per le annotazioni relative ai procedimenti di prevenzione. Nei registri viene curata l'immediata annotazione nominativa delle persone fisiche e giuridiche nei cui confronti sono disposti gli accertamenti personali o patrimoniali da parte dei soggetti titolari del potere di proposta. Il questore territorialmente competente e il direttore della Direzione investigativa antimafia provvedono a dare immediata comunicazione alla procura della Repubblica competente per territorio della proposta di misura personale e patrimoniale da presentare al tribunale competente. Le modalita' di tenuta, i tipi dei registri, le annotazioni che vi devono essere operate, sono fissati con decreto del Ministro della giustizia.

2. Non possono essere rilasciate a privati certificazioni relative alle annotazioni operate nei registri.

3. I provvedimenti definitivi con i quali l'autorita' giudiziaria applica misure di prevenzione o concede la riabilitazione di cui all'articolo 70, sono iscritti nel casellario giudiziale secondo le modalita' e con le forme stabilite per le condanne penali. Nei certificati rilasciati a richiesta di privati non e' fatta menzione delle suddette iscrizioni. I provvedimenti di riabilitazione sono altresi' comunicati alla

questura competente con l'osservanza delle disposizioni di cui all'articolo 69.

LIBRO II
Nuove disposizioni in materia di documentazione antimafia
Capo I
Disposizioni di carattere generale
Art. 82
Oggetto

1. Il presente Libro disciplina la documentazione antimafia ed i suoi effetti, istituisce la banca dati nazionale unica della documentazione antimafia, **di seguito denominata «banca dati nazionale unica»**, e introduce disposizioni relative agli enti locali i cui organi sono stati sciolti ai sensi dell'articolo 143 del testo unico delle leggi sull'ordinamento degli enti locali, di cui al decreto legislativo 18 agosto 2000, n. 267.

Art. 83
Ambito di applicazione della documentazione antimafia

1. Le pubbliche amministrazioni e gli enti pubblici, anche costituiti in stazioni uniche appaltanti, gli enti e le aziende vigilati dallo Stato o da altro ente pubblico e le societa' o imprese comunque controllate dallo Stato o da altro ente pubblico nonche' i concessionari di lavori o di servizi pubblici, devono acquisire la documentazione antimafia di cui all'articolo 84 prima di stipulare, approvare o autorizzare i contratti e subcontratti relativi a lavori, servizi e forniture pubblici, ovvero prima di rilasciare o consentire i provvedimenti indicati nell'articolo 67.
2. La disposizione di cui al comma 1 si applica ai contraenti generali di cui all'articolo 176 del decreto legislativo 12 aprile 2006, n. 163, di seguito denominati «contraente generale».
3. La documentazione di cui al comma 1 non e' comunque richiesta:

a) per i rapporti fra i soggetti pubblici di cui al comma 1;
b) per i rapporti fra i soggetti pubblici di cui alla lettera a) ed altri soggetti, anche privati, i cui organi rappresentativi e quelli aventi funzioni di amministrazione e di controllo sono sottoposti, per disposizione di legge o di regolamento, alla verifica di particolari requisiti di onorabilita' tali da escludere la sussistenza di una delle cause di sospensione, di decadenza o di divieto di cui all'articolo 67;
c) per il rilascio o rinnovo delle autorizzazioni o licenze di polizia di competenza delle autorita' nazionali e provinciali di pubblica sicurezza;
d) per la stipulazione o approvazione di contratti e per la concessione di erogazioni a favore di chi esercita attivita' agricole o professionali, non organizzate in forma di impresa, nonche' a favore di chi esercita attivita' artigiana in forma di impresa individuale e attivita' di lavoro autonomo anche intellettuale in forma individuale;
e) per i provvedimenti, gli atti ed i contratti il cui valore complessivo non supera i 150.000 euro.
3-bis. La documentazione di cui al comma 1 e' sempre prevista nelle ipotesi di concessione di terreni agricoli e zootecnici demaniali che ricadono nell'ambito dei regimi di sostegno previsti dalla politica agricola comune, a prescindere dal loro valore complessivo, nonche' su tutti i terreni agricoli, a qualunque titolo acquisiti, che usufruiscono di fondi europei per un importo superiore a 5.000 euro.

Capo II
Documentazione antimafia
Art. 84
Definizioni

1. La documentazione antimafia e' costituita dalla comunicazione antimafia e dall'informazione antimafia.

2. La comunicazione antimafia consiste nell'attestazione della sussistenza o meno di una delle cause di decadenza, di sospensione o di divieto di cui all'articolo 67.

3. L'informazione antimafia consiste nell'attestazione della sussistenza o meno di una delle cause di decadenza, di sospensione o di divieto di cui all'articolo 67, nonche', fatto salvo quanto previsto dall'articolo 91, comma 6, nell'attestazione della sussistenza o meno di eventuali tentativi di infiltrazione mafiosa tendenti a condizionare le scelte e gli indirizzi delle societa' o imprese interessate indicati nel comma 4.

4. Le situazioni relative ai tentativi di infiltrazione mafiosa che danno luogo all'adozione dell'informazione antimafia interdittiva di cui al comma 3 sono desunte:

a) dai provvedimenti che dispongono una misura cautelare o il giudizio, ovvero che recano una condanna anche non definitiva per taluni dei delitti di cui agli articoli 353, 353-bis, ((603-bis,)) 629, 640-bis, 644, 648-bis, 648-ter del codice penale, dei delitti di cui all'articolo 51, comma 3-bis, del codice di procedura penale e di cui all'articolo 12-quinquies del decreto-legge 8 giugno 1992, n. 306 convertito, con modificazioni, dalla legge 7 agosto 1992, n. 356;

b) dalla proposta o dal provvedimento di applicazione di taluna delle misure di prevenzione;

c) salvo che ricorra l'esimente di cui all'articolo 4 della legge 24 novembre 1981, n. 689, dall'omessa denuncia all'autorita' giudiziaria dei reati di cui agli articoli 317 e 629 del codice penale, aggravati ai sensi dell'articolo 7 del decreto-legge 13 maggio 1991, n. 152, convertito, con modificazioni, dalla legge 12 luglio 1991, n. 203, da parte dei soggetti indicati nella lettera b) dell'articolo 38 del decreto legislativo 12 aprile 2006, n. 163, anche in assenza nei loro confronti di un procedimento per l'applicazione di una misura di prevenzione o di una causa ostativa ivi previste;

d) dagli accertamenti disposti dal prefetto anche avvalendosi dei poteri di accesso e di accertamento delegati dal Ministro dell'interno ai sensi del decreto-legge 6 settembre 1982, n. 629, convertito, con modificazioni, dalla legge 12 ottobre 1982, n. 726, ovvero di quelli di cui all'articolo 93 del presente decreto;

e) dagli accertamenti da effettuarsi in altra provincia a cura dei prefetti competenti su richiesta del prefetto procedente ai sensi della lettera d);

f) dalle sostituzioni negli organi sociali, nella rappresentanza legale della societa' nonche' nella titolarita' delle imprese individuali ovvero delle quote societarie, effettuate da chiunque conviva stabilmente con i soggetti destinatari dei provvedimenti di cui alle lettere a) e b), con modalita' che, per i tempi in cui vengono realizzati, il valore economico delle transazioni, il reddito dei soggetti coinvolti nonche' le qualita' professionali dei subentranti, denotino l'intento di eludere la normativa sulla documentazione antimafia.

4-bis. La circostanza di cui al comma 4, lettera c), deve emergere dagli indizi a base della richiesta di rinvio a giudizio formulata nei confronti dell'imputato e deve essere comunicata, unitamente alle generalita' del soggetto che ha omesso la predetta denuncia, dal procuratore della Repubblica procedente alla prefettura della provincia in cui i soggetti richiedenti di cui all'articolo 83, commi 1 e 2, hanno sede ovvero in cui hanno residenza o sede le persone fisiche, le imprese, le associazioni, le societa' o i consorzi interessati ai contratti e subcontratti di cui all'articolo 91, comma 1, lettere a) e c) o che siano destinatari degli atti di concessione o erogazione di cui alla lettera b) dello stesso comma 1.

Art. 85
Soggetti sottoposti alla verifica antimafia

1. La documentazione antimafia, se si tratta di imprese individuali, deve riferirsi al titolare ed al direttore tecnico, ove previsto.

2. La documentazione antimafia, se si tratta di associazioni, imprese, societa', consorzi e raggruppamenti temporanei di imprese, deve riferirsi, oltre che al direttore tecnico, ove previsto:

a) per le associazioni, a chi ne ha la legale rappresentanza;

b) per le societa' di capitali, anche consortili ai sensi dell'articolo 2615-ter del codice civile, per le societa' cooperative, per i consorzi di cooperative, per i consorzi di cui al libro quinto, titolo X, capo II, sezione II, del codice civile, al legale rappresentante e agli eventuali altri componenti l'organo di amministrazione nonche' a ciascuno dei consorziati che nei consorzi e nelle societa' consortili detenga, anche indirettamente, una partecipazione pari almeno al 5 per cento;

c) per le societa' di capitali, anche al socio di maggioranza in caso di societa' con un numero di soci pari o inferiore a quattro, ovvero al socio in caso di societa' con socio unico;

d) per i consorzi di cui all'articolo 2602 del codice civile e per i gruppi europei di interesse economico, a chi ne ha la rappresentanza e agli imprenditori o societa' consorziate;

e) per le societa' semplice e in nome collettivo, a tutti i soci;

f) per le societa' in accomandita semplice, ai soci accomandatari;

g) per le societa' di cui all'articolo 2508 del codice civile, a coloro che le rappresentano stabilmente nel territorio dello Stato;

h) per i raggruppamenti temporanei di imprese, alle imprese costituenti il raggruppamento anche se aventi sede all'estero, secondo le modalita' indicate nelle lettere precedenti;

i) per le societa' personali ai soci persone fisiche delle societa' personali o di capitali che ne siano socie.

2-bis. Oltre a quanto previsto dal precedente comma 2, per le associazioni e societa' di qualunque tipo, anche prive di personalita' giuridica, la documentazione antimafia e' riferita anche ai soggetti membri del collegio sindacale o, nei casi contemplati dall'articolo 2477 del codice civile, al sindaco, nonche' ai soggetti che svolgono i compiti di vigilanza di cui all'articolo 6, comma 1, lettera b) del decreto legislativo 8 giugno 2001, n. 231.

2-ter. Per le societa' costituite all'estero, prive di una sede secondaria con rappresentanza stabile nel territorio dello Stato, la documentazione antimafia deve riferirsi a coloro che esercitano poteri di amministrazione, di rappresentanza o di direzione dell'impresa.

2-quater. Per le societa' di capitali di cui alle lettere b) e c) del comma 2, concessionarie nel settore dei giochi pubblici, oltre a quanto previsto nelle medesime lettere, la documentazione antimafia deve riferirsi anche ai soci persone fisiche che detengono, anche indirettamente, una partecipazione al capitale o al patrimonio superiore al 2 per cento, nonche' ai direttori generali e ai soggetti responsabili delle sedi secondarie o delle stabili organizzazioni in Italia di soggetti non residenti. Nell'ipotesi in cui i soci persone fisiche detengano la partecipazione superiore alla predetta soglia mediante altre societa' di capitali, la documentazione deve riferirsi anche al legale rappresentante e agli eventuali componenti dell'organo di amministrazione della societa' socia, alle persone fisiche che, direttamente o indirettamente, controllano tale societa', nonche' ai direttori generali e ai soggetti responsabili delle sedi secondarie o delle stabili organizzazioni in Italia di soggetti non residenti. La documentazione di cui al periodo precedente deve riferirsi anche al coniuge non separato.

3. L'informazione antimafia deve riferirsi anche ai familiari conviventi di maggiore eta' dei soggetti di cui ai commi 1, 2, 2-bis, 2-ter e 2-quater.

Art. 86
Validita' della documentazione antimafia

1. La comunicazione antimafia, acquisita dai soggetti di cui all'articolo 83, commi 1 e 2, con le modalita' di cui all'articolo 88, ha una validita' di sei mesi dalla data dell'acquisizione.

2. L'informazione antimafia, acquisita dai soggetti di cui all'articolo 83, commi 1 e 2, con le modalita' di cui all'articolo 92, ha una validita' di dodici mesi dalla data dell'acquisizione, salvo che non ricorrano le modificazioni di cui al comma 3.

2-bis. **Fino all'attivazione della banca dati nazionale unica, la documentazione antimafia, nei termini di validita' di cui ai commi 1 e 2, e' utilizzabile e produce i suoi effetti anche in altri procedimenti, diversi da quello per il quale e' stata acquisita, riguardanti i medesimi soggetti**.

3. I legali rappresentanti degli organismi societari, nel termine di trenta giorni dall'intervenuta modificazione dell'assetto societario o gestionale dell'impresa, hanno l'obbligo di trasmettere al prefetto, che ha rilasciato l'informazione antimafia, copia degli atti dai quali risulta l'intervenuta modificazione relativamente ai soggetti destinatari di verifiche antimafia di cui all'articolo 85.

4. La violazione dell'obbligo di cui al comma 3 e' punita con la sanzione amministrativa pecuniaria da 20.000 euro a 60.000 euro. Per il procedimento di accertamento e di contestazione dell'infrazione, nonche' per quello di applicazione della relativa sanzione, si applicano, in quanto compatibili, le disposizioni della legge 24 novembre 1981, n. 689. La sanzione e' irrogata dal prefetto.

5. I soggetti di cui all'articolo 83, commi 1 e 2, che acquisiscono la comunicazione antimafia, di data non anteriore a sei mesi, o l'informazione antimafia, di data non anteriore a dodici mesi, adottano il provvedimento richiesto e gli atti conseguenti o esecutivi, compresi i pagamenti, anche se il provvedimento o gli atti sono perfezionati o eseguiti in data successiva alla scadenza di validita' della predetta documentazione antimafia.

Capo III
Comunicazioni antimafia
Art. 87
Competenza al rilascio della comunicazione antimafia

1. **La comunicazione antimafia e' acquisita mediante consultazione della banca dati nazionale unica da parte dei soggetti di cui all'articolo 97, comma 1, debitamente autorizzati, salvo i casi di cui all'articolo 88, commi 2, 3 e 3-bis.**

2. **Nei casi di cui all'articolo 88, commi 2, 3 e 3-bis, la comunicazione antimafia e' rilasciata:**

a) dal prefetto della provincia in cui le persone fisiche, le imprese, le associazioni o i consorzi risiedono o hanno la sede legale ovvero dal prefetto della provincia in cui e' stabilita una sede secondaria con rappresentanza stabile nel territorio dello Stato per le societa' di cui all'articolo 2508 del codice civile;

b) dal prefetto della provincia in cui i soggetti richiedenti di cui all'articolo 83, commi 1 e 2, hanno sede per le societa' costituite all'estero, prive di una sede secondaria con rappresentanza stabile nel territorio dello Stato.

3. Ai fini del rilascio della comunicazione antimafia le prefetture usufruiscono del collegamento alla banca dati nazionale unica di cui al successivo capo V.

Art. 88
Termini per il rilascio della comunicazione antimafia

1. Il rilascio della comunicazione antimafia e' immediatamente conseguente alla consultazione della **banca dati nazionale unica** quando non emerge, a carico dei soggetti ivi censiti, la sussistenza di cause di decadenza, di sospensione o di divieto di cui all'articolo 67. In tali casi, la comunicazione antimafia liberatoria attesta che la stessa e' emessa utilizzando il collegamento alla banca dati.

2. Quando dalla consultazione della **banca dati nazionale unica** emerge la sussistenza di cause di decadenza, di sospensione o di divieto di cui all'articolo 67, il prefetto effettua le necessarie verifiche e accerta la corrispondenza dei motivi ostativi emersi dalla consultazione della **banca dati nazionale unica** alla situazione aggiornata del soggetto sottoposto agli accertamenti.

3. Qualora le verifiche effettuate ai sensi del comma 2 diano esito positivo, il prefetto rilascia la comunicazione antimafia interdittiva ovvero, nel caso in cui le verifiche medesime diano esito negativo, il prefetto rilascia la comunicazione antimafia liberatoria attestando che la stessa e' emessa utilizzando il collegamento alla **banca dati nazionale unica**.

3-bis. Il prefetto procede alle stesse verifiche quando la consultazione della **banca dati nazionale unica** e' eseguita per un soggetto che risulti non censito.

4. **Nei casi previsti dai commi 2, 3 e 3-bis, il prefetto rilascia la comunicazione antimafia entro trenta giorni dalla data della consultazione di cui all'articolo 87, comma 1.**

4-bis. **Decorso il termine di cui al comma 4, i soggetti di cui all'articolo 83, commi 1 e 2, procedono anche in assenza della comunicazione antimafia, previa acquisizione dell'autocertificazione di cui all'articolo 89. In tale caso, i contributi, i finanziamenti, le agevolazioni e le altre erogazioni di cui all'articolo 67 sono corrisposti sotto condizione risolutiva e i soggetti di cui all'articolo 83, commi 1 e 2, revocano le autorizzazioni e le concessioni o recedono dai contratti, fatto salvo il pagamento del valore delle opere gia' eseguite e il rimborso delle spese sostenute per l'esecuzione del rimanente, nei limiti delle utilita' conseguite.**

4-ter. **La revoca e il recesso di cui al comma 4-bis si applicano anche quando la sussistenza delle cause di decadenza, di sospensione o di divieto di cui all'articolo 67 e' accertata successivamente alla stipula del contratto, alla concessione di lavori o all'autorizzazione al subcontratto.**

4-quater. **Il versamento delle erogazioni di cui all'articolo 67, comma 1, lettera g)** puo' essere in ogni caso sospeso fino alla ricezione da parte dei soggetti richiedenti di cui all'articolo 83, commi 1 e 2, della comunicazione antimafia liberatoria.

4-quinquies. La comunicazione antimafia interdittiva e' comunicata dal prefetto, entro cinque giorni dalla sua adozione, all'impresa, societa' o associazione interessata, secondo le modalita' previste dall'articolo 79, comma 5-bis, del decreto legislativo 12 aprile 2006, n. 163.

Art. 89
Autocertificazione

1. Fuori dei casi in cui e' richiesta l'informazione antimafia **e salvo quanto previsto dall'articolo 88, comma 4-bis**, i contratti e subcontratti relativi a lavori, servizi o forniture dichiarati urgenti ed i provvedimenti di rinnovo conseguenti a provvedimenti gia' disposti, sono stipulati, autorizzati o adottati previa acquisizione di apposita dichiarazione con la quale l'interessato attesti che nei propri confronti non sussistono le cause di divieto, di decadenza o di sospensione di cui all'articolo 67. La dichiarazione deve essere sottoscritta con le modalita' di cui all'articolo 38 del decreto del Presidente della Repubblica 28 dicembre 2000, n. 445.

2. La predetta dichiarazione e' resa dall'interessato anche quando gli atti e i provvedimenti della pubblica amministrazione riguardano:

a) attivita' private, sottoposte a regime autorizzatorio, che possono essere intraprese su segnalazione certificata di inizio attivita' da parte del privato alla pubblica amministrazione competente;

b) attivita' private sottoposte alla disciplina del silenzio-assenso, indicate nella tabella C annessa al regolamento approvato con decreto del Presidente della Repubblica 26 aprile 1992, n. 300, e successive modificazioni.

Art. 89-bis
Accertamento di tentativi di infiltrazione mafiosa in esito alla richiesta di comunicazione antimafia

1. Quando in esito alle verifiche di cui all'articolo 88, comma 2, venga accertata la sussistenza di tentativi di infiltrazione mafiosa, il prefetto adotta comunque un'informazione antimafia interdittiva e ne da' comunicazione ai soggetti richiedenti di cui all'articolo 83, commi 1 e 2, senza emettere la comunicazione antimafia.

2. L'informazione antimafia adottata ai sensi del comma 1 tiene luogo della comunicazione antimafia richiesta.

Capo IV
Informazioni antimafia
Art. 90
Competenza al rilascio dell'informazione antimafia

1. L'informazione antimafia e' conseguita mediante consultazione della banca dati nazionale unica da parte dei soggetti di cui all'articolo 97, comma 1, debitamente autorizzati, salvo i casi di cui all'articolo 92, commi 2 e 3.

2. Nei casi di cui all'articolo 92, commi 2 e 3, l'informazione antimafia e' rilasciata:

a) dal prefetto della provincia in cui le persone fisiche, le imprese, le associazioni o i consorzi risiedono o hanno la sede legale ovvero dal prefetto della provincia in cui e' stabilita una sede secondaria con rappresentanza stabile nel territorio dello Stato per le societa' di cui all'articolo 2508 del codice civile;

b) dal prefetto della provincia in cui i soggetti richiedenti di cui all'articolo 83, commi 1 e 2, hanno sede per le societa' costituite all'estero, prive di una sede secondaria con rappresentanza stabile nel territorio dello Stato.

3. Ai fini del rilascio dell'informazione antimafia le prefetture usufruiscono del

collegamento alla banca dati nazionale unica di cui al capo V.

Art. 91
Informazione antimafia

1. I soggetti di cui all'articolo 83, commi 1 e 2, devono acquisire l'informazione di cui all'articolo 84, comma 3, prima di stipulare, approvare o autorizzare i contratti e subcontratti, ovvero prima di rilasciare o consentire i provvedimenti indicati nell'articolo 67, il cui valore sia:

a) pari o superiore a quello determinato dalla legge in attuazione delle direttive comunitarie in materia di opere e lavori pubblici, servizi pubblici e pubbliche forniture, indipendentemente dai casi di esclusione ivi indicati;

b) superiore a 150.000 euro per le concessioni di acque pubbliche o di beni demaniali per lo svolgimento di attivita' imprenditoriali, ovvero per la concessione di contributi, finanziamenti e agevolazioni su mutuo o altre erogazioni dello stesso tipo per lo svolgimento di attivita' imprenditoriali;

c) superiore a 150.000 euro per l'autorizzazione di subcontratti, cessioni, cottimi, concernenti la realizzazione di opere o lavori pubblici o la prestazione di servizi o forniture pubbliche.

1-bis. L'informazione antimafia e' sempre richiesta nelle ipotesi di concessione di terreni agricoli demaniali che ricadono nell'ambito dei regimi di sostegno previsti dalla politica agricola comune, a prescindere dal loro valore complessivo, nonche' su tutti i terreni agricoli, a qualunque titolo acquisiti, che usufruiscono di fondi europei per un importo superiore a 5.000 euro.

2. E' vietato, a pena di nullita', il frazionamento dei contratti, delle concessioni o delle erogazioni compiuto allo scopo di eludere l'applicazione del presente articolo.

3. La richiesta dell'informazione antimafia deve essere effettuata attraverso la banca dati nazionale unica al momento dell'aggiudicazione del contratto ovvero trenta giorni prima della stipula del subcontratto.

4. L'informazione antimafia e' richiesta dai soggetti interessati di cui all'articolo 83, commi 1 e 2, che devono indicare:

a) la denominazione dell'amministrazione, ente, azienda, societa' o impresa che procede all'appalto, concessione o erogazione o che e' tenuta ad autorizzare il subcontratto, la cessione o il cottimo;

b) l'oggetto e il valore del contratto, subcontratto, concessione o erogazione;

c) gli estremi della deliberazione dell'appalto o della concessione ovvero del titolo che legittima l'erogazione;

d) le complete generalita' dell'interessato e, ove previsto, del direttore tecnico o, se trattasi di societa', impresa, associazione o consorzio, la denominazione e la sede, nonche' le complete generalita' degli altri soggetti di cui all'articolo 85;

e) LETTERA SOPPRESSA DAL D.LGS. 15 NOVEMBRE 2012, N. 218.

5. Il prefetto competente estende gli accertamenti pure ai soggetti che risultano poter determinare in qualsiasi modo le scelte o gli indirizzi dell'impresa. Per le imprese costituite all'estero e prive di sede secondaria nel territorio dello Stato, il prefetto svolge accertamenti nei riguardi delle persone fisiche che esercitano poteri di amministrazione, di rappresentanza o di direzione. A tal fine, il prefetto verifica l'assenza delle cause di decadenza, di sospensione o di divieto, di cui all'articolo 67, e accerta se risultano elementi dai quali sia possibile desumere la sussistenza di tentativi di infiltrazione mafiosa, anche attraverso i collegamenti informatici di cui all'articolo 98, comma 3.

Il prefetto, anche sulla documentata richiesta dell'interessato, aggiorna l'esito dell'informazione al venir meno delle circostanze rilevanti ai fini dell'accertamento dei tentativi di infiltrazione mafiosa.

6. Il prefetto puo', altresi', desumere il tentativo di infiltrazione mafiosa da provvedimenti di condanna anche non definitiva per reati strumentali all'attivita' delle organizzazioni criminali unitamente a concreti elementi da cui risulti che l'attivita' d'impresa possa, anche in modo indiretto, agevolare le attivita' criminose o esserne in qualche modo condizionata, nonche' dall'accertamento delle violazioni degli obblighi di tracciabilita' dei flussi finanziari di cui all'articolo 3 della legge 13 agosto 2010, n. 136, commesse con la condizione della reiterazione prevista dall'articolo 8-bis della legge 24 novembre 1981, n. 689. In tali casi, entro il termine di cui all'articolo 92, rilascia l'informazione antimafia interdittiva.

7. Con regolamento, adottato con decreto del Ministro dell'interno, di concerto con il Ministro della giustizia, con il Ministro delle infrastrutture e dei trasporti e con il Ministro dello sviluppo economico, ai sensi dell'articolo 17, comma 3, della legge n. 400 del 1988, sono individuate le diverse tipologie di attivita' suscettibili di infiltrazione mafiosa nell'attivita' di impresa per le quali, in relazione allo specifico settore d'impiego e alle situazioni ambientali che determinano un maggiore rischio di infiltrazione mafiosa, e' sempre obbligatoria l'acquisizione della documentazione indipendentemente dal valore del contratto, subcontratto, concessione, erogazione o provvedimento di cui all'articolo 67.

7-bis. Ai fini dell'adozione degli ulteriori provvedimenti di competenza di altre amministrazioni, l'informazione antimafia interdittiva, anche emessa in esito all'esercizio dei poteri di accesso, e' tempestivamente comunicata anche in via telematica:

a) alla Direzione nazionale antimafia e ai soggetti di cui agli articoli 5, comma 1, e 17, comma 1;

b) al soggetto di cui all'articolo 83, commi 1 e 2, che ha richiesto il rilascio dell'informazione antimafia;

c) alla camera di commercio del luogo dove ha sede legale l'impresa oggetto di accertamento;

d) al prefetto che ha disposto l'accesso, ove sia diverso da quello che ha adottato l'informativa antimafia interdittiva;

e) all'osservatorio centrale appalti pubblici, presso la direzione investigativa antimafia;

f) all'osservatorio dei contratti pubblici relativi ai lavori, servizi e forniture istituito presso l'Autorita' per la vigilanza sui contratti pubblici, ai fini dell'inserimento nel casellario informatico di cui all'articolo 7, comma 10, del decreto legislativo 12 aprile 2006, n. 163, e nella Banca dati nazionale dei contratti pubblici di cui all'articolo 62-bis del decreto legislativo 7 marzo 2005, n. 82;

g) all'Autorita' garante della concorrenza e del mercato per le finalita' previste dall'articolo 5-ter del decreto-legge 24 gennaio 2012, n. 1, convertito, con modificazioni, dalla legge 24 marzo 2012, n. 27;

h) al Ministero delle infrastrutture e trasporti;

i) al Ministero dello sviluppo economico;

l) agli uffici delle Agenzie delle entrate, competenti per il luogo dove ha sede legale l'impresa nei cui confronti e' stato richiesto il rilascio dell'informazione antimafia.

Art. 92
Termini per il rilascio delle informazioni

1. Il rilascio dell'informazione antimafia e' immediatamente conseguente alla consultazione **banca dati nazionale unica** quando non emerge, a carico dei soggetti ivi censiti, la sussistenza di cause di decadenza, di sospensione o di divieto di cui all'articolo 67 o di un tentativo di infiltrazione mafiosa di cui all'articolo 84, comma 4. In tali casi l'informazione antimafia liberatoria attesta che la stessa e' emessa utilizzando il collegamento alla banca dati.

2. **Fermo restando quanto previsto dall'articolo 91, comma 6, quando dalla consultazione della banca dati nazionale unica emerge la sussistenza di cause di decadenza, di sospensione o di divieto di cui all'articolo 67 o di un tentativo di infiltrazione mafiosa di cui all'articolo 84, comma 4, il prefetto dispone le necessarie verifiche e rilascia l'informazione antimafia interdittiva entro trenta giorni dalla data della consultazione. Quando le verifiche disposte siano di particolare complessita', il prefetto ne da' comunicazione senza ritardo all'amministrazione interessata, e fornisce le informazioni acquisite nei successivi quarantacinque giorni. Il prefetto procede con le stesse modalita' quando la consultazione della banca dati nazionale unica e' eseguita per un soggetto che risulti non censito.**

2-bis. **L'informazione antimafia interdittiva e' comunicata dal prefetto, entro cinque giorni dalla sua adozione, all'impresa, societa' o associazione interessata, secondo le modalita' previste dall'articolo 79, comma 5-bis, del decreto legislativo 12 aprile 2006, n. 163. Il prefetto, adottata l'informazione** antimafia interdittiva, verifica altresi' la sussistenza dei presupposti per l'applicazione delle misure di cui all'articolo 32, comma 10, del decreto-legge 24 giugno 2014, n. 90, convertito, con modificazioni, dalla legge 11 agosto 2014, n. 114, e, in caso positivo, ne informa tempestivamente il Presidente dell'Autorita' nazionale anticorruzione.

3. **Decorso il termine di cui al comma 2, primo periodo, ovvero, nei casi di urgenza, immediatamente, i soggetti di cui all'articolo 83, commi 1 e 2, procedono anche in assenza dell'informazione antimafia. I contributi, i finanziamenti, le agevolazioni e le altre erogazioni di cui all'articolo 67 sono corrisposti sotto condizione risolutiva e i soggetti di cui all'articolo 83, commi 1 e 2, revocano le autorizzazioni e le concessioni o recedono dai contratti, fatto salvo il pagamento del valore delle opere gia' eseguite e il rimborso delle spese sostenute per l'esecuzione del rimanente, nei limiti delle utilita' conseguite.**

4. La revoca e il recesso di cui al comma 3 si applicano anche quando gli elementi relativi a tentativi di infiltrazione mafiosa siano accertati successivamente alla stipula del contratto, alla concessione dei lavori o all'autorizzazione del subcontratto.

5. **Il versamento delle erogazioni di cui all'articolo 67, comma 1, lettera g), puo' essere in ogni caso sospeso fino alla ricezione da parte dei soggetti richiedenti di cui all'articolo 83, commi 1 e 2, dell'informazione antimafia liberatoria.**

Art. 93
Poteri di accesso e accertamento del prefetto

1. Per l'espletamento delle funzioni volte a prevenire infiltrazioni mafiose nei pubblici appalti, il prefetto dispone

accessi ed accertamenti nei cantieri delle imprese interessate all'esecuzione di lavori pubblici, avvalendosi, a tal fine, dei gruppi interforze di cui all'articolo 5, comma 3, del decreto del Ministro dell'interno 14 marzo 2003, pubblicato nella Gazzetta Ufficiale n. 54 del 5 marzo 2004.

2. Ai fini di cui al comma 1 sono imprese interessate all'esecuzione di lavori pubblici tutti i soggetti che intervengono a qualunque titolo nel ciclo di realizzazione dell'opera, anche con noli e forniture di beni e prestazioni di servizi, ivi compresi quelli di natura intellettuale, qualunque sia l'importo dei relativi contratti o dei subcontratti.

3. Al termine degli accessi ed accertamenti disposti dal prefetto, il gruppo interforze redige, entro trenta giorni, la relazione contenente i dati e le informazioni acquisite nello svolgimento dell'attivita' ispettiva, trasmettendola al prefetto che ha disposto l'accesso.

4. Il prefetto, acquisita la relazione di cui al comma 3, fatta salva l'ipotesi di cui al comma 5, valuta se dai dati raccolti possano desumersi, in relazione all'impresa oggetto di accertamento e nei confronti dei soggetti che risultano poter determinare in qualsiasi modo le scelte o gli indirizzi dell'impresa stessa, elementi relativi a tentativi di infiltrazione mafiosa di cui all'articolo 84, comma 4 ed all'**articolo 91, comma 6**. In tal caso, il prefetto emette, entro quindici giorni dall'acquisizione della relazione del gruppo interforze, l'informazione interdittiva, previa eventuale audizione dell'interessato secondo le modalita' individuate dal successivo comma 7.

5. Qualora si tratti di impresa avente sede in altra provincia, il prefetto che ha disposto l'accesso trasmette senza ritardo gli atti corredati dalla relativa documentazione al prefetto competente, che provvede secondo le modalita' stabilite nel comma 4.

6. **COMMA ABROGATO DAL D.LGS. 15 NOVEMBRE 2012, N. 218**.

7. Il prefetto competente al rilascio dell'informazione, ove lo ritenga utile, sulla base della documentazione e delle informazioni acquisite invita, in sede di audizione personale, i soggetti interessati a produrre, anche allegando elementi documentali, ogni informazione ritenuta utile.

8. All'audizione di cui al comma 7, si provvede mediante comunicazione formale da inviarsi al responsabile legale dell'impresa, contenente l'indicazione della data e dell'ora e dell'Ufficio della prefettura ove dovra' essere sentito l'interessato ovvero persona da lui delegata.

9. Dell'audizione viene redatto apposito verbale in duplice originale, di cui uno consegnato nelle mani dell'interessato.

10. I dati acquisiti nel corso degli accessi di cui al presente articolo devono essere inseriti a cura della Prefettura della provincia in cui e' stato effettuato l'accesso, nel sistema informatico, costituito presso la Direzione investigativa antimafia, previsto dall'articolo 5, comma 4, del citato decreto del Ministro dell'interno in data 14 marzo 2003.

11. Al fine di rendere omogenea la raccolta dei dati di cui al precedente comma su tutto il territorio nazionale, il personale incaricato di effettuare le attivita' di accesso e accertamento nei cantieri si avvale di apposite schede informative predisposte dalla Direzione investigativa antimafia e da questa rese disponibili attraverso il collegamento telematico di interconnessione esistente

con le Prefetture - Uffici Territoriali del Governo.

Art. 94
Effetti delle informazioni del prefetto

1. Quando emerge la sussistenza di cause di decadenza, di sospensione o di divieto di cui all'articolo 67 o di un tentativo di infiltrazione mafiosa, di cui all'articolo 84, comma 4 ed **all'articolo 91, comma 6**, nelle societa' o imprese interessate, i soggetti di cui all'articolo 83, commi 1 e 2 cui sono fornite le informazioni antimafia, non possono stipulare, approvare o autorizzare i contratti o subcontratti, ne' autorizzare, rilasciare o comunque consentire le concessioni e le erogazioni.

2. Qualora il prefetto non rilasci l'informazione interdittiva entro i termini previsti, ovvero nel caso di lavori o forniture di somma urgenza di cui all'articolo 92, comma 3 qualora la sussistenza di una causa di divieto indicata nell'articolo 67 o gli elementi relativi a tentativi di infiltrazione mafiosa di cui all'articolo 84, comma 4, ed all'**articolo 91, comma 6**, siano accertati successivamente alla stipula del contratto, i soggetti di cui all'articolo 83, commi 1 e 2, salvo quanto previsto al comma 3, revocano le autorizzazioni e le concessioni o recedono dai contratti fatto salvo il pagamento del valore delle opere gia' eseguite e il rimborso delle spese sostenute per l'esecuzione del rimanente, nei limiti delle utilita' conseguite.

3. I soggetti di cui all'articolo 83, commi 1 e 2, non procedono alle revoche o ai recessi di cui al comma precedente nel caso in cui l'opera sia in corso di ultimazione ovvero, in caso di fornitura di beni e servizi ritenuta essenziale per il perseguimento dell'interesse pubblico, qualora il soggetto che la fornisce non sia sostituibile in tempi rapidi.

4. Le disposizioni di cui ai commi 2 e 3 si applicano anche nel caso in cui emergano elementi relativi a tentativi di infiltrazione.

Art. 95
Disposizioni relative ai contratti pubblici

1. Se taluna delle situazioni da cui emerge un tentativo di infiltrazione mafiosa, di cui all'articolo 84, comma 4, ed **all'articolo 91, comma 6**, interessa un'impresa diversa da quella mandataria che partecipa ad un'associazione o raggruppamento temporaneo di imprese, le cause di divieto o di sospensione di cui all'articolo 67 non operano nei confronti delle altre imprese partecipanti quando la predetta impresa sia estromessa o sostituita anteriormente alla stipulazione del contratto. La sostituzione puo' essere effettuata entro trenta giorni dalla comunicazione delle informazioni del prefetto qualora esse pervengano successivamente alla stipulazione del contratto.

2. Le disposizioni del comma 1 si applicano anche nel caso di consorzi non obbligatori.

3. Il prefetto della provincia interessata all'esecuzione dei contratti di cui all'articolo 91, comma 1, lettera a) e' tempestivamente informato dalla stazione appaltante della pubblicazione del bando di gara e svolge gli accertamenti preliminari sulle imprese locali per le quali il rischio di tentativi di infiltrazione mafiosa, nel caso di partecipazione, e' ritenuto maggiore. L'accertamento di una delle situazioni da cui emerge un tentativo di infiltrazione mafiosa, di cui all'articolo 84, comma 4, ed all'**articolo 91, comma 6**, comporta il divieto della stipula del contratto, nonche' del subappalto, degli altri subcontratti, delle cessioni o dei cottimi,

comunque denominati, indipendentemente dal valore.

Capo V
Banca dati nazionale unica della documentazione antimafia
Art. 96
Istituzione della banca dati nazionale unica della documentazione antimafia

1. Presso il Ministero dell'interno, Dipartimento per le politiche del personale dell'amministrazione civile e per le risorse strumentali e finanziarie e' istituita la banca dati nazionale unica della documentazione antimafia, **di seguito denominata «banca dati nazionale unica»**.

2. Al fine di verificare la sussistenza di una delle cause di decadenza, di sospensione o di divieto di cui all'articolo 67 o di un tentativo di infiltrazione mafiosa di cui all'articolo 84, comma 4, la **banca dati nazionale unica** e' collegata telematicamente con il Centro elaborazione dati di cui all'articolo 8 della legge 1° aprile 1981, n. 121.

Art. 97
Consultazione della banca dati nazionale unica

1. Ai fini del rilascio della documentazione antimafia, la **banca dati nazionale unica** puo' essere consultata, secondo le modalita' di cui al regolamento previsto dall'articolo 99, da:

a) i soggetti indicati dall'articolo 83, commi 1 e 2, del presente decreto;

b) le camere di commercio, industria, artigianato e agricoltura;

c) gli ordini professionali.

c-bis) l'Autorita' per la vigilanza sui contratti pubblici di lavori, servizi e forniture, per le finalita' di cui all'articolo 6-bis del codice di cui al decreto legislativo 12 aprile 2006, n. 163.

Art. 98

Contenuto della banca dati nazionale unica

1. Nella **banca dati nazionale unica** sono contenute le comunicazioni e le informazioni antimafia, liberatorie ed interdittive.

2. La **banca dati nazionale unica**, tramite il collegamento al sistema informatico costituito presso la Direzione investigativa antimafia di cui all'articolo 5, comma 4, del decreto del Ministro dell'interno in data 14 marzo 2003, consente la consultazione dei dati acquisiti nel corso degli accessi nei cantieri delle imprese interessate all'esecuzione di lavori pubblici disposti dal prefetto.

3. La **banca dati nazionale unica**, tramite il collegamento ad altre banche dati, puo' contenere ulteriori dati anche provenienti dall'estero.

Art. 99
Modalita' di funzionamento della banca dati nazionale unica

1. Con uno o piu' regolamenti ai sensi dell'articolo 17, comma 3, della legge 23 agosto 1988, n. 400, da adottarsi, entro sei mesi dalla data di entrata in vigore del presente decreto, su proposta del Ministro dell'interno, di concerto con i Ministri della pubblica amministrazione e dell'innovazione, della giustizia, dello sviluppo economico e delle infrastrutture e dei trasporti, sentito il Garante per la protezione dei dati personali, sono disciplinate le modalita':

a) di funzionamento della **banca dati nazionale unica**;

b) di autenticazione, autorizzazione e di registrazione degli accessi e delle operazioni effettuate sulla **banca dati nazionale unica**;

c) di accesso da parte del personale delle Forze di polizia e dell'Amministrazione civile dell'interno;

d) di accesso da parte della Direzione nazionale antimafia per lo svolgimento dei compiti previsti dall'articolo 371-bis del codice di procedura penale;

e) di consultazione da parte dei soggetti di cui all'articolo 97, comma 1;

f) di collegamento con il Centro Elaborazione Dati di cui all'articolo 96.

2. Il sistema informatico, comunque, garantisce l'individuazione del soggetto che effettua ciascuna interrogazione e conserva la traccia di ciascun accesso.

2-bis. Fino all'attivazione della **banca dati nazionale unica**, e comunque non oltre dodici mesi dalla data di pubblicazione nella Gazzetta Ufficiale del primo dei regolamenti di cui al comma 1, i soggetti di cui all'articolo 83, commi 1 e 2, acquisiscono d'ufficio tramite le prefetture la documentazione antimafia. A tali fini, le prefetture utilizzano il collegamento informatico al Centro elaborazione dati di cui all'articolo 8 della legge 1° aprile 1981, n. 121, al fine di verificare la sussistenza di una delle cause di decadenza, di sospensione o di divieto di cui all'articolo 67 o di un tentativo di infiltrazione mafiosa di cui all'articolo 84, comma 4, e all'articolo 91, comma 6, nonche' i collegamenti informatici o telematici, attivati in attuazione del decreto del Presidente della Repubblica 3 giugno 1998, n. 252. In ogni caso, si osservano per il rilascio della documentazione antimafia i termini di cui agli articoli 88 e 92.

2-ter. **Con uno dei regolamenti di cui al comma 1 possono essere disciplinate le modalita' con le quali la banca dati nazionale unica acquisisce, attraverso l'Anagrafe nazionale della popolazione residente di cui all'articolo 62 del decreto** legislativo 7 marzo 2005, n. 82, i dati anagrafici dei soggetti di cui all'articolo 85, comma 3, e li raffronta con quelli del Centro elaborazione dati di cui all'articolo 8 della legge 1° aprile 1981, n. 121.

Art. 99-bis
Mancato funzionamento della banca dati nazionale unica della documentazione antimafia

1. Qualora la banca dati nazionale unica non sia in grado di funzionare regolarmente a causa di eventi eccezionali, la comunicazione antimafia e' sostituita dall'autocertificazione di cui all'articolo 89 e l'informazione antimafia e' rilasciata secondo le modalita' previste dall'articolo 92, commi 2 e 3. Nel caso in cui la comunicazione antimafia e' sostituita dall'autocertificazione, i contributi, i finanziamenti, le agevolazioni e le altre erogazioni di cui all'articolo 67 sono corrisposti sotto condizione risolutiva e previa presentazione di una garanzia fideiussoria di un importo pari al valore del contributo, finanziamento, agevolazione o erogazione.

2. Il Ministero dell'interno, Dipartimento per le politiche del personale dell'amministrazione civile e per le risorse strumentali e finanziarie, pubblica immediatamente l'avviso del mancato funzionamento della banca dati nazionale unica sul proprio sito istituzionale, nonche' sui siti delle Prefetture.

3. Con le modalita' di cui al comma 2 viene data notizia del ripristino del funzionamento della banca dati nazionale unica. Il periodo di mancato funzionamento della banca dati nazionale unica e' accertato con decreto del capo del predetto Dipartimento ovvero di altro dirigente appositamente delegato. Il decreto e' pubblicato sul sito istituzionale del Ministero dell'interno nella sezione "Amministrazione trasparente".

Capo VI
Disposizioni concernenti gli enti locali sciolti ai sensi dell'articolo 143 del decreto legislativo 18 agosto 2000, n. 267

Art. 100
Obbligo di acquisizione della documentazione antimafia nel quinquennio successivo allo scioglimento ai sensi dell'articolo 143 del decreto legislativo 18 agosto 2000, n. 267

1. L'ente locale, sciolto ai sensi dell'articolo 143 del decreto legislativo 18 agosto 2000, n. 267 e successive modificazioni, deve acquisire, nei cinque anni successivi allo scioglimento, l'informazione antimafia precedentemente alla stipulazione, all'approvazione o all'autorizzazione di qualsiasi contratto o subcontratto, ovvero precedentemente al rilascio di qualsiasi concessione o erogazione indicati nell'articolo 67 indipendentemente dal valore economico degli stessi.

Art. 101
Facolta' di avvalersi della Stazione unica appaltante

1. **Salvo che la legge disponga diversamente, l'ente locale, i cui organi sono stati sciolti ai sensi dell'articolo 143 del decreto legislativo 18 agosto 2000, n. 267, e successive modificazioni, puo' deliberare di avvalersi, per un periodo determinato, comunque non superiore alla durata in carica della commissione straordinaria per la gestione dell'ente, della stazione unica appaltante per lo svolgimento delle procedure di evidenza pubblica di competenza del medesimo ente locale.**

2. Gli organi eletti in seguito allo scioglimento di cui all'articolo 143 del decreto legislativo 18 agosto 2000, n. 267 e successive modificazioni, possono deliberare di avvalersi, per un periodo determinato, comunque non superiore alla durata in carica degli stessi organi elettivi, della stazione unica appaltante per lo svolgimento delle procedure di evidenza pubblica di competenza del medesimo ente locale.

LIBRO III
Attivita' informative ed investigative nella lotta contro la criminalita' organizzata. Agenzia nazionale per l'amministrazione e la destinazione dei beni sequestrati e confiscati alla criminalita' organizzata.

Titolo I
ATTIVITA' INFORMATIVE ED INVESTIGATIVE NELLA LOTTA CONTRO LA CRIMINALITA' ORGANIZZATA

Capo I
Direzione distrettuale antimafia e Direzione nazionale antimafia

Art. 102
Direzione distrettuale antimafia

1. Per la trattazione dei procedimenti relativi ai reati indicati nell'articolo 51, comma 3-bis, del codice di procedura penale il procuratore della Repubblica presso il tribunale del capoluogo del distretto costituisce, nell'ambito del suo ufficio, una direzione distrettuale antimafia designando i magistrati che devono farne parte per la durata non inferiore a due anni. Per la designazione, il procuratore distrettuale tiene conto delle specifiche attitudini e delle esperienze professionali. Della direzione distrettuale non possono fare parte magistrati in tirocinio. La composizione e le variazioni della direzione sono comunicate senza ritardo al Consiglio superiore della magistratura.

2. Il procuratore distrettuale o un suo delegato e' preposto all'attivita' della direzione e cura, in particolare, che i magistrati addetti ottemperino

all'obbligo di assicurare la completezza e la tempestivita' della reciproca informazione sull'andamento delle indagini ed eseguano le direttive impartite per il coordinamento delle investigazioni e l'impiego della polizia giudiziaria.

3. Salvi casi eccezionali, il procuratore distrettuale designa per l'esercizio delle funzioni di pubblico ministero, nei procedimenti riguardanti i reati indicati nell'articolo 51, comma 3-bis, del codice di procedura penale, i magistrati addetti alla direzione.

4. Salvo che nell'ipotesi di prima costituzione della direzione distrettuale antimafia la designazione dei magistrati avviene sentito il procuratore nazionale antimafia. Delle eventuali variazioni nella composizione della direzione, il procuratore distrettuale informa preventivamente il procuratore nazionale antimafia.

Art. 103.
Direzione nazionale antimafia e antiterrorismo

1. Nell'ambito della procura generale presso la Corte di cassazione e' istituita la Direzione nazionale antimafia e antiterrorismo.

2. Alla Direzione sono preposti un magistrato, con funzioni di Procuratore nazionale, e due magistrati con funzioni di procuratore aggiunto, nonche', quali sostituti, magistrati che abbiano conseguito la terza valutazione di professionalita'.

3. I magistrati della Direzione nazionale antimafia e antiterrorismo sono scelti tra coloro che hanno svolto, anche non continuativamente, funzioni di pubblico ministero per almeno dieci anni e che abbiano specifiche attitudini, capacita' organizzative ed esperienze nella trattazione di procedimenti in materia di criminalita' organizzata e terroristica. L'anzianita' nel ruolo puo' essere valutata solo ove risultino equivalenti i requisiti professionali.

4. Alla nomina del procuratore nazionale si provvede con la procedura prevista dall'articolo 11, terzo comma, della legge 24 marzo 1958, n. 195.

5. Gli incarichi di procuratore nazionale e di procuratore aggiunto hanno una durata di quattro anni e possono essere rinnovati una sola volta.

6. Al procuratore nazionale sono attribuite le funzioni previste dall'articolo 371-bis del codice di procedura penale.

Art. 104
Attribuzioni del procuratore generale presso la Corte di cassazione in relazione all'attivita' di coordinamento investigativo

1. Il procuratore generale presso la Corte di cassazione esercita la sorveglianza sul procuratore nazionale antimafia e antiterrorismo e sulla relativa Direzione nazionale.

Art. 105
Applicazione di magistrati del pubblico ministero in casi particolari

1. Per la trattazione dei procedimenti relativi ai delitti indicati nell'articolo 51, comma 3-bis e comma 3-quater, del codice di procedura penale, il procuratore nazionale antimafia e antiterrorismo puo', quando si tratta di procedimenti di particolare complessita' o che richiedono specifiche esperienze e competenze professionali, applicare temporaneamente alle procure distrettuali i magistrati appartenenti alla Direzione nazionale antimafia e antiterrorismo e quelli appartenenti alle direzioni distrettuali antimafia oltre che quelli addetti presso le procure distrettuali alla trattazione di procedimenti in materia di terrorismo

anche internazionale nonche', con il loro consenso, magistrati di altre procure della Repubblica presso i tribunali. L'applicazione e' disposta anche quando sussistono protratte vacanze di organico, inerzia nella conduzione delle indagini, ovvero specifiche e contingenti esigenze investigative o processuali. L'applicazione e' disposta con decreto motivato. Il decreto e' emesso sentiti i procuratori generali e i procuratori della Repubblica interessati. Quando si tratta di applicazioni alla procura distrettuale avente sede nel capoluogo del medesimo distretto, il decreto e' emesso dal procuratore generale presso la corte di appello. In tal caso il provvedimento e' comunicato al procuratore nazionale antimafia **e antiterrorismo**.

2. L'applicazione non puo' superare la durata di un anno. Nei casi di necessita' dell'ufficio al quale il magistrato e' applicato, puo' essere rinnovata per un periodo non superiore a un anno.

3. Il decreto di applicazione e' immediatamente esecutivo ed e' trasmesso senza ritardo al Consiglio superiore della magistratura per l'approvazione, nonche' al Ministro della giustizia.

4. Il capo dell'ufficio al quale il magistrato e' applicato non puo' designare il medesimo per la trattazione di affari diversi da quelli indicati nel decreto di applicazione.

Art. 106
Applicazione di magistrati in materia di misure di prevenzione

1. Il procuratore nazionale antimafia **e antiterrorismo** puo' disporre, nell'ambito dei poteri attribuitigli dall'articolo 371-bis del codice di procedura penale e sentito il competente procuratore distrettuale, l'applicazione temporanea di magistrati della Direzione nazionale antimafia **e**

antiterrorismo alle procure distrettuali per la trattazione di singoli procedimenti di prevenzione patrimoniale. Si applica, in quanto compatibile, l'articolo 105.

2. Se ne fa richiesta il procuratore distrettuale, il Procuratore generale presso la Corte d'appello puo', per giustificati motivi, disporre che le funzioni di pubblico ministero per la trattazione delle misure di prevenzione siano esercitate da un magistrato designato dal Procuratore della Repubblica presso il giudice competente.

Capo II
Consiglio generale per la lotta alla criminalita' organizzata e Direzione investigativa antimafia
Art. 107
Consiglio generale per la lotta alla criminalita' organizzata

1. Presso il Ministero dell'interno e' istituito il Consiglio generale per la lotta alla criminalita' organizzata, presieduto dal Ministro dell'interno quale responsabile dell'alta direzione e del coordinamento in materia di ordine e sicurezza pubblica. Il Consiglio e' composto:
a) dal Capo della polizia - Direttore generale della pubblica sicurezza;
b) dal Comandante generale dell'Arma dei carabinieri;
c) dal Comandante generale del Corpo della guardia di finanza;
d) dal Direttore dell'Agenzia informazioni e sicurezza interna;
e) dal Direttore dell'Agenzia informazioni e sicurezza esterna;
f) dal Direttore della Direzione investigativa antimafia.

2. Il Consiglio generale per la lotta alla criminalita' organizzata provvede, per lo specifico settore della criminalita' organizzata, a:

a) definire e adeguare gli indirizzi per le linee di prevenzione anticrimine e per le attivita' investigative, determinando la ripartizione dei compiti tra le forze di polizia per aree, settori di attivita' e tipologia dei fenomeni criminali, tenuto conto dei servizi affidati ai relativi uffici e strutture, e in primo luogo a quelli a carattere interforze, operanti a livello centrale e territoriale;

b) individuare le risorse, i mezzi e le attrezzature occorrenti al funzionamento dei servizi e a fissarne i criteri per razionalizzarne l'impiego;

c) verificare periodicamente i risultati conseguiti in relazione agli obiettivi strategici delineati e alle direttive impartite, proponendo, ove occorra, l'adozione dei provvedimenti atti a rimuovere carenze e disfunzioni e ad accertare responsabilita' e inadempienze;

d) concorrere a determinare le direttive per lo svolgimento delle attivita' di coordinamento e di controllo da parte dei prefetti dei capoluoghi di regione, nell'ambito dei poteri delegati agli stessi.

3. Il Consiglio generale emana apposite direttive da attuarsi a cura degli uffici e servizi appartenenti alle singole forze di polizia, nonche' della Direzione investigativa antimafia.

4. All'Ufficio per il coordinamento e la pianificazione delle forze di polizia del Dipartimento della pubblica sicurezza sono attribuite le funzioni di assistenza tecnico-amministrativa e di segreteria del Consiglio.

Art. 108
Direzione investigativa antimafia

1. E' istituita, nell'ambito del Dipartimento della pubblica sicurezza, una Direzione investigativa antimafia (D.I.A.) con il compito di assicurare lo svolgimento, in forma coordinata, delle attivita' di investigazione preventiva attinenti alla criminalita' organizzata, nonche' di effettuare indagini di polizia giudiziaria relative esclusivamente a delitti di associazione di tipo mafioso o comunque ricollegabili all'associazione medesima.

2. Formano oggetto delle attivita' di investigazione preventiva della Direzione investigativa antimafia le connotazioni strutturali, le articolazioni e i collegamenti interni ed internazionali delle organizzazioni criminali, gli obiettivi e le modalita' operative di dette organizzazioni, nonche' ogni altra forma di manifestazione delittuosa alle stesse riconducibile ivi compreso il fenomeno delle estorsioni.

3. La Direzione investigativa antimafia nell'assolvimento dei suoi compiti opera in stretto collegamento con gli uffici e le strutture delle forze di polizia esistenti a livello centrale e periferico.

4. Tutti gli ufficiali ed agenti di polizia giudiziaria debbono fornire ogni possibile cooperazione al personale investigativo della D.I.A. Gli ufficiali ed agenti di polizia giudiziaria dei servizi centrali e interprovinciali di cui all'articolo 12 del decreto-legge 13 maggio 1991, n. 152, convertito in legge 12 luglio 1991, n. 203, devono costantemente informare il personale investigativo della D.I.A., incaricato di effettuare indagini collegate, di tutti gli elementi informativi ed investigativi di cui siano venuti comunque in possesso e sono tenuti a svolgere, congiuntamente con il predetto personale, gli accertamenti e le attivita' investigative eventualmente richiesti. Il predetto personale dei servizi centrali e interprovinciali della Polizia di Stato, dell'Arma dei carabinieri e del Corpo della guardia di finanza, a decorrere dal 1° gennaio 1993, e' assegnato alla D.I.A., nei contingenti e con i criteri e le modalita'

determinati con decreto del Ministro dell'interno, di concerto con i Ministri della difesa e delle finanze.

5. Al Direttore della Direzione Investigativa Antimafia e' attribuita la responsabilita' generale delle attivita' svolte dalla D.I.A., delle quali riferisce periodicamente al Consiglio generale di cui all'articolo 107, e competono i provvedimenti occorrenti per l'attuazione, da parte della D.I.A., delle direttive emanate a norma del medesimo articolo 107.

6. Alla D.I.A. e' preposto un direttore tecnico-operativo scelto fra funzionari appartenenti ai ruoli della Polizia di Stato, con qualifica non inferiore a dirigente superiore, e ufficiali di grado non inferiore a generale di brigata dell'Arma dei carabinieri e del Corpo della guardia di finanza, che abbiano maturato specifica esperienza nel settore della lotta alla criminalita' organizzata. Il direttore della D.I.A. riferisce al Consiglio generale di cui all'articolo 107 sul funzionamento dei servizi posti alle sue dipendenze e sui risultati conseguiti.

7. Con gli stessi criteri indicati al comma 6 e' assegnato alla D.I.A. un vice direttore con funzioni vicarie.

8. La D.I.A. si avvale di personale dei ruoli della Polizia di Stato, dell'Arma dei carabinieri e del Corpo della guardia di finanza, nonche' del Corpo di polizia penitenziaria e del Corpo forestale dello Stato. Il personale dei ruoli del Corpo di polizia penitenziaria e del Corpo forestale dello Stato opera nell'ambito delle articolazioni centrali **e periferiche** della D.I.A. per le esigenze di collegamento con le strutture di appartenenza, anche in relazione a quanto previsto dal comma 3, nonche' per l'attivita' di analisi sullo scambio delle informazioni di interesse all'interno delle strutture carcerarie e di

quelle connesse al contrasto delle attivita' organizzate per il traffico illecito di rifiuti e agli altri compiti di istituto. Con decreto del Ministro dell'interno, di concerto con i Ministri della giustizia, delle politiche agricole alimentari e forestali e dell'economia e delle finanze sono definiti i contingenti di personale del Corpo di polizia penitenziaria e del Corpo forestale dello Stato che opera nell'ambito della D.I.A., nonche' le modalita' attuative di individuazione, di assegnazione e di impiego del medesimo personale.

9. Il Ministro dell'interno, sentito il Consiglio generale di cui all'articolo 107, determina l'organizzazione della D.I.A. secondo moduli rispondenti alla diversificazione dei settori d'investigazione e alla specificita' degli ordinamenti delle forze di polizia interessate, fermo restando che in ogni caso, nella prima fase, l'organizzazione e' articolata come segue:

a) reparto investigazioni preventive;
b) reparto investigazioni giudiziarie;
c) reparto relazioni internazionali ai fini investigativi.

10. Alla determinazione del numero e delle competenze delle divisioni in cui si articolano i reparti di cui al comma 9 si provvede con le modalita' e procedure indicate nell'articolo 5, settimo comma, della legge 1° aprile 1981, n. 121, e successive modificazioni e integrazioni. Con le stesse modalita' e procedure si provvede alla preposizione ed assegnazione del personale ai reparti e alle divisioni, secondo principi di competenza tecnico-professionale e con l'obiettivo di realizzare nei confronti dei titolari degli uffici predetti di pari livello una sostanziale parita' ed equiordinazione di funzioni, anche

mediante il ricorso al criterio della rotazione degli incarichi.

Art. 109
Relazione al Parlamento

1. Il Ministro dell'interno riferisce, ogni sei mesi, al Parlamento sull'attivita' svolta e sui risultati conseguiti dalla Direzione investigativa antimafia e presenta, unitamente con la relazione di cui all'articolo 113 della legge 1° aprile 1981, n. 121, un rapporto annuale sul fenomeno della criminalita' organizzata.

Titolo II
L'AGENZIA NAZIONALE PER L'AMMINISTRAZIONE E LA DESTINAZIONE DEI BENI SEQUESTRATI E CONFISCATI ALLA CRIMINALITA' ORGANIZZATA

Art. 110
L'Agenzia nazionale per l'amministrazione e la destinazione dei beni sequestrati e confiscati alla criminalita' organizzata

1. L'Agenzia nazionale per l'amministrazione e la destinazione dei beni sequestrati e confiscati alla criminalita' organizzata ha personalita' giuridica di diritto pubblico ed e' dotata di autonomia organizzativa e contabile, ha la sede principale in Roma, la sede secondaria in Reggio Calabria ed e' posta sotto la vigilanza del Ministro dell'interno. L'Agenzia dispone, compatibilmente con le sue esigenze di funzionalita', che le proprie sedi siano stabilite all'interno di un immobile confiscato ai sensi del presente decreto.

2. All'Agenzia sono attribuiti i seguenti compiti:

a) acquisizione, attraverso il proprio sistema informativo, dei flussi informativi necessari per l'esercizio dei propri compiti istituzionali: dati, documenti e informazioni oggetto di flusso di scambio, in modalita' bidirezionale, con il sistema informativo del Ministero della giustizia, dell'autorita' giudiziaria, con le banche dati e i sistemi informativi delle prefetture-uffici territoriali del Governo, degli enti territoriali, delle societa' Equitalia ed Equitalia Giustizia, delle agenzie fiscali e con gli amministratori giudiziari, con le modalita' previste dagli articoli 1, 2 e 3 del regolamento di cui al decreto del Presidente della Repubblica 15 dicembre 2011, n. 233; acquisizione, in particolare, dei dati relativi ai beni sequestrati e confiscati alla criminalita' organizzata nel corso dei procedimenti penali e di prevenzione; acquisizione delle informazioni relative allo stato dei procedimenti di sequestro e confisca; verifica dello stato dei beni nei medesimi procedimenti, accertamento della consistenza, della destinazione e dell'utilizzo dei beni; programmazione dell'assegnazione e della destinazione dei beni confiscati; analisi dei dati acquisiti, nonche' delle criticita' relative alla fase di assegnazione e destinazione. Per l'attuazione della presente lettera e' autorizzata la spesa di 850.000 euro per ciascuno degli anni 2018, 2019 e 2020. Al relativo onere si provvede mediante corrispondente riduzione delle proiezioni, per i medesimi anni, dello stanziamento del fondo speciale di conto capitale iscritto, ai fini del bilancio triennale 2017-2019, nell'ambito del programma "Fondi di riserva e speciali" della missione "Fondi da ripartire" dello stato di previsione del Ministero dell'economia e delle finanze per l'anno 2017, allo scopo parzialmente utilizzando l'accantonamento relativo al Ministero dell'interno. Il Ministro dell'economia e delle finanze e' autorizzato ad apportare, con propri decreti, le occorrenti variazioni di bilancio;

b) ausilio dell'autorita' giudiziaria nell'amministrazione e custodia dei beni sequestrati nel corso del procedimento di prevenzione di cui al libro I, titolo III; ausilio finalizzato a rendere possibile, sin dalla fase del sequestro, l'assegnazione provvisoria dei beni immobili e delle aziende per fini istituzionali o sociali agli enti, alle associazioni e alle cooperative di cui all'articolo 48, comma 3, ferma restando la valutazione del giudice delegato sulla modalita' dell'assegnazione;

c) ausilio dell'autorita' giudiziaria nell'amministrazione e custodia dei beni sequestrati nel corso dei procedimenti penali per i delitti di cui agli articoli 51, comma 3-bis, del codice di procedura penale e 12-sexies del decreto-legge 8 giugno 1992, n. 306, convertito, con modificazioni, dalla legge 7 agosto 1992, n. 356, e successive modificazioni; ausilio svolto al fine di rendere possibile, sin dalla fase del sequestro, l'assegnazione provvisoria dei beni immobili e delle aziende per fini istituzionali o sociali agli enti, alle associazioni e alle cooperative di cui all'articolo 48, comma 3, del presente decreto, ferma restando la valutazione del giudice delegato sulla modalita' dell'assegnazione;

d) amministrazione e destinazione, ai sensi dell'articolo 38, dei beni confiscati, dal provvedimento di confisca emesso dalla corte di appello, in esito del procedimento di prevenzione di cui al libro I, titolo III;

e) amministrazione, dal provvedimento di confisca emesso dalla corte di appello nonche' di sequestro o confisca emesso dal giudice dell'esecuzione, e destinazione dei beni confiscati, per i delitti di cui agli articoli 51, comma 3-bis, del codice di procedura penale e 12-sexies del decreto-legge 8 giugno 1992, n. 306, convertito, con modificazioni, dalla legge 7 agosto 1992, n. 356, e successive modificazioni, nonche' dei beni definitivamente confiscati dal giudice dell'esecuzione;

f) adozione di iniziative e di provvedimenti necessari per la tempestiva assegnazione e destinazione dei beni confiscati, anche attraverso la nomina, ove necessario, di commissari ad acta.

3. L'Agenzia e' sottoposta al controllo della Corte dei conti ai sensi dell'articolo 3, comma 4, della legge 14 gennaio 1994, n. 20, e successive modificazioni.

Art. 111
Organi dell'Agenzia

1. Sono organi dell'Agenzia e restano in carica per quattro anni rinnovabili per una sola volta:

a) il Direttore;

b) il Consiglio direttivo;

c) il Collegio dei revisori;

d) il Comitato consultivo di indirizzo.

2. Il Direttore e' scelto tra figure professionali che abbiano maturato esperienza professionale specifica, almeno quinquennale, nella gestione dei beni e delle aziende: prefetti, dirigenti dell'Agenzia del demanio, magistrati che abbiano conseguito almeno la quinta valutazione di professionalita' o delle magistrature superiori. Il soggetto scelto e' collocato fuori ruolo o in aspettativa secondo l'ordinamento dell'amministrazione di appartenenza. All'atto del collocamento fuori ruolo e' reso indisponibile un numero di posti equivalente dal punto di vista finanziario. Il Direttore e' nominato con decreto del Presidente della Repubblica, su proposta del Ministro dell'interno, previa deliberazione del Consiglio dei ministri.

3. Il Consiglio direttivo e' presieduto dal Direttore dell'Agenzia ed e' composto:

a) da un magistrato designato dal Ministro della giustizia;

b) da un magistrato designato dal Procuratore nazionale antimafia;

c) da un rappresentante del Ministero dell'interno designato dal Ministro dell'interno;

d) da due qualificati esperti in materia di gestioni aziendali e patrimoniali designati, di concerto, dal Ministro dell'interno e dal Ministro dell'economia e delle finanze;

e) da un qualificato esperto in materia di progetti di finanziamenti europei e nazionali designato dalla Presidenza del Consiglio dei ministri o dal Ministro delegato per la politica di coesione.

4. I componenti del Consiglio direttivo, designati ai sensi del comma 3, sono nominati con decreto del Ministro dell'interno.

5. Il Collegio dei revisori, costituito da tre componenti effettivi e da due supplenti, e' nominato con decreto del Ministro dell'interno fra gli iscritti nel Registro dei revisori legali. Un componente effettivo e un componente supplente sono designati dal Ministro dell'economia e delle finanze.

6. Il Comitato consultivo di indirizzo e' presieduto dal Direttore dell'Agenzia ed e' composto:

a) da un qualificato esperto in materia di politica di coesione territoriale, designato dal Dipartimento per le politiche di coesione;

b) da un rappresentante del Ministero dello sviluppo economico, designato dal medesimo Ministro;

c) da un rappresentante del Ministero del lavoro e delle politiche sociali, designato dal medesimo Ministro;

d) da un responsabile dei fondi del Programma operativo nazionale "sicurezza", designato dal Ministro dell'interno;

e) da un rappresentante del Ministero dell'istruzione, dell'universita' e della ricerca, designato dal medesimo Ministro;

f) da un rappresentante delle regioni, designato dalla Conferenza delle regioni e delle province autonome;

g) da un rappresentante dei comuni, designato dall'Associazione nazionale dei comuni italiani (ANCI);

h) da un rappresentante delle associazioni che possono essere destinatarie o assegnatarie dei beni sequestrati o confiscati, di cui all'articolo 48, comma 3, lettera c), designato dal Ministro del lavoro e delle politiche sociali sulla base di criteri di trasparenza, rappresentativita' e rotazione semestrale, specificati nel decreto di nomina;

i) da un rappresentante delle associazioni sindacali comparativamente piu' rappresentative a livello nazionale, da un rappresentante delle cooperative e da un rappresentante delle associazioni dei datori di lavoro, designati dalle rispettive associazioni.

7. Alle riunioni possono essere chiamati a partecipare i rappresentanti degli enti territoriali ove i beni o le aziende sequestrati e confiscati si trovano. I componenti del Comitato consultivo di indirizzo, designati ai sensi del comma 6, sono nominati con decreto del Ministro dell'interno. Ai componenti non spetta alcun compenso, indennita', gettone di presenza, rimborso di spese o emolumento comunque denominato.

8. I compensi degli organi sono stabiliti con decreto del Ministro dell'interno, di concerto con il Ministro dell'economia e delle finanze, e sono posti a carico del bilancio dell'Agenzia. Per la

partecipazione alle sedute degli organi non spettano gettoni di presenza o emolumenti a qualsiasi titolo dovuti.

Art. 112

Attribuzioni degli organi dell'Agenzia

1. Il Direttore dell'Agenzia ne assume la rappresentanza legale, puo' nominare uno o piu' delegati anche con poteri di rappresentanza, convoca con frequenza periodica il Consiglio direttivo e il Comitato consultivo di indirizzo e stabilisce l'ordine del giorno delle sedute. Provvede altresi' all'attuazione degli indirizzi e delle linee guida di cui al comma 4, lettera d), e presenta al Consiglio direttivo il bilancio preventivo e il conto consuntivo. Il Direttore riferisce periodicamente ai Ministri dell'interno e della giustizia e presenta una relazione semestrale sull'attivita' svolta dall'Agenzia, fermo restando quanto previsto dall'articolo 49, comma 1, ultimo periodo.

2. L'Agenzia coadiuva l'autorita' giudiziaria nella gestione fino al provvedimento di confisca emesso dalla corte di appello e adotta i provvedimenti di destinazione dei beni confiscati per le prioritarie finalita' istituzionali e sociali, secondo le modalita' indicate dal libro I, titolo III, capo III. Nelle ipotesi previste dalle norme in materia di tutela ambientale e di sicurezza, ovvero quando il bene sia improduttivo, oggettivamente inutilizzabile, non destinabile o non alienabile, l'Agenzia, con delibera del Consiglio direttivo, adotta i provvedimenti di distruzione o di demolizione.

3. L'Agenzia, per le attivita' connesse all'amministrazione e alla destinazione dei beni sequestrati e confiscati anche in via non definitiva, nonche' per il monitoraggio sul corretto utilizzo dei beni assegnati, si avvale delle prefetture-uffici territoriali del Governo territorialmente competenti presso le quali e' istituito, senza nuovi o maggiori oneri per la finanza pubblica, un apposito nucleo di supporto. Con decreto del Ministro dell'interno sono definiti la composizione di ciascun nucleo di supporto ed il relativo contingente di personale, secondo criteri di flessibilita' e modularita' che tengano conto anche della presenza significativa, nel territorio di riferimento, di beni sequestrati e confiscati alla criminalita' organizzata. I prefetti, con il provvedimento di costituzione del nucleo di supporto, individuano, sulla base di linee guida adottate dal Consiglio direttivo dell'Agenzia, le altre amministrazioni, gli enti e le associazioni che partecipano alle attivita' del nucleo con propri rappresentanti.

4. L'Agenzia, con delibera del Consiglio direttivo:

a) utilizza i flussi acquisiti attraverso il proprio sistema informativo per facilitare le collaborazioni tra amministratori giudiziari e tra coadiutori e favorire, su tutto il territorio nazionale in modo particolare per le aziende, l'instaurazione e la prosecuzione di rapporti commerciali tra le imprese sequestrate o confiscate;

b) predispone meccanismi di intervento per effettuare, ove l'amministratore giudiziario lo richieda, l'analisi aziendale e verificare la possibilita' di prosecuzione o ripresa dell'attivita' imprenditoriale ovvero avviare procedure di liquidazione o di ristrutturazione del debito;

c) stipula protocolli di intesa con le strutture interessate e con le associazioni di categoria per l'individuazione di professionalita' necessarie per la prosecuzione o la ripresa dell'attivita' d'impresa anche avvalendosi dei nuclei territoriali di supporto istituiti presso le prefetture-uffici territoriali del Governo;

d) previo parere motivato del Comitato consultivo di indirizzo, emana le linee guida interne che intende seguire sia per fornire ausilio all'autorita' giudiziaria, sia per stabilire la destinazione dei beni confiscati; indica, in relazione ai beni aziendali, gli interventi necessari per salvaguardare il mantenimento del valore patrimoniale e i livelli occupazionali e, in relazione ai beni immobili, gli interventi utili per incrementarne la redditivita' e per agevolare la loro eventuale devoluzione allo Stato liberi da pesi e oneri, anche prevedendo un'assegnazione provvisoria ai sensi dell'articolo 110, comma 2, lettera b);

e) previo parere motivato del Comitato consultivo di indirizzo, predispone protocolli operativi su base nazionale per concordare con l'Associazione bancaria italiana (ABI) e con la Banca d'Italia modalita' di rinegoziazione dei rapporti bancari gia' in essere con le aziende sequestrate o confiscate;

f) richiede all'autorita' di vigilanza di cui all'articolo 110, comma 1, l'autorizzazione a utilizzare gli immobili di cui all'articolo 48, comma 3, lettera b);

g) richiede la modifica della destinazione d'uso del bene confiscato, in funzione della valorizzazione dello stesso o del suo utilizzo per finalita' istituzionali o sociali, anche in deroga agli strumenti urbanistici;

h) previo parere motivato del Comitato consultivo di indirizzo, approva il bilancio preventivo e il conto consuntivo;

i) verifica l'utilizzo dei beni da parte dei privati e degli enti pubblici, conformemente ai provvedimenti di assegnazione e di destinazione; verifica in modo continuo e sistematico, avvalendosi delle prefetture-uffici territoriali del Governo e, ove necessario, delle Forze di polizia, la conformita' dell'utilizzo dei beni, da parte dei privati e degli enti pubblici, ai provvedimenti di assegnazione e di destinazione. Il prefetto riferisce semestralmente all'Agenzia sugli esiti degli accertamenti effettuati;

l) revoca il provvedimento di assegnazione e destinazione nel caso di mancato o difforme utilizzo del bene rispetto alle finalita' indicate nonche' negli altri casi stabiliti dalla legge;

m) previo parere motivato del Comitato consultivo di indirizzo, sottoscrive convenzioni e protocolli con pubbliche amministrazioni, regioni, enti locali, ordini professionali, enti e associazioni per le finalita' del presente decreto;

n) adotta un regolamento di organizzazione interna.

5. Il Comitato consultivo di indirizzo:

a) esprime parere sugli atti di cui al comma 4, lettere d), e), h) ed m);

b) puo' presentare proposte e fornire elementi per fare interagire gli amministratori giudiziari delle aziende, ovvero per accertare, su richiesta dell'amministratore giudiziario, previa autorizzazione del giudice delegato, la disponibilita' degli enti territoriali, delle associazioni e delle cooperative di cui all'articolo 48, comma 3, lettera c), a prendere in carico i beni immobili, che non facciano parte di compendio aziendale, sin dalla fase del sequestro;

c) esprime pareri su specifiche questioni riguardanti la destinazione e l'utilizzazione dei beni sequestrati o confiscati nonche' su ogni altra questione che venga sottoposta ad esso dal Consiglio direttivo, dal Direttore dell'Agenzia o dall'autorita' giudiziaria.

6. Il Collegio dei revisori svolge i compiti di cui all'articolo 20 del decreto legislativo 30 giugno 2011, n. 123.

Art. 113

Organizzazione e funzionamento dell'Agenzia

1. Con uno o piu' regolamenti, adottati ai sensi dell'articolo 17, comma 1, della legge 23 agosto 1988, n. 400, e successive modificazioni, su proposta del Ministro dell'interno, di concerto con i Ministri della giustizia, dell'economia e delle finanze e per la semplificazione e la pubblica amministrazione, sono disciplinati, entro il limite di spesa di cui all'articolo 118:

a) l'organizzazione e la dotazione delle risorse umane e strumentali per il funzionamento dell'Agenzia, selezionando personale con specifica competenza in materia di gestione delle aziende, di accesso al credito bancario e ai finanziamenti europei;

b) la contabilita' finanziaria ed economico-patrimoniale relativa alla gestione dell'Agenzia, assicurandone la separazione finanziaria e contabile dalle attivita' di amministrazione e custodia dei beni sequestrati e confiscati;

c) i flussi informativi necessari per l'esercizio dei compiti attribuiti all'Agenzia nonche' le modalita' delle comunicazioni, da effettuarsi per via telematica, tra l'Agenzia e l'autorita' giudiziaria.

2. Ai fini dell'amministrazione e della custodia dei beni confiscati di cui all'articolo 110, comma 2, lettere d) ed e), i rapporti tra l'Agenzia e l'Agenzia del demanio sono disciplinati mediante apposita convenzione, anche onerosa, avente ad oggetto, in particolare, la stima e la manutenzione dei beni custoditi nonche' l'avvalimento del personale dell'Agenzia del demanio.

3. Successivamente alla data di entrata in vigore del regolamento, ovvero, quando piu' di uno, dell'ultimo dei regolamenti di cui al comma 1, l'Agenzia, per l'assolvimento dei suoi compiti, puo' avvalersi di altre amministrazioni ovvero enti pubblici, comprese le Agenzie fiscali, sulla base di apposite convenzioni, anche onerose.

4. Per le esigenze connesse alla vendita e alla liquidazione delle aziende e degli altri beni definitivamente confiscati, l'Agenzia puo' conferire, nei limiti delle disponibilita' finanziarie di bilancio, apposito incarico, anche a titolo oneroso, a societa' a totale o prevalente capitale pubblico. I rapporti tra l'Agenzia e la societa' incaricata sono disciplinati da un'apposita convenzione che definisce le modalita' di svolgimento dell'attivita' affidata e ogni aspetto relativo alla rendicontazione e al controllo.

5. L'Agenzia e' inserita nella Tabella A allegata alla legge 29 ottobre 1984, n. 720, e successive modificazioni.

Art. 113-bis
Disposizioni in materia di organico dell'Agenzia

1. La dotazione organica dell'Agenzia e' determinata in duecento unita' complessive, ripartite tra le diverse qualifiche, dirigenziali e no, secondo contingenti da definire con il regolamento adottato ai sensi dell'articolo 113, comma 1.

2. Alla copertura dell'incremento della dotazione organica di centosettanta unita', di cui al comma 1, si provvede mediante le procedure di mobilita' di cui all'articolo 30 del decreto legislativo 30 marzo 2001, n. 165, e successive modificazioni. Il passaggio del personale all'Agenzia a seguito della procedura di mobilita' determina la soppressione del posto in organico nell'amministrazione di provenienza e il contestuale trasferimento delle relative risorse finanziarie al bilancio dell'Agenzia e

avviene senza maggiori oneri a carico del bilancio medesimo.

3. Fino al completamento delle procedure di cui al comma 2, il personale in servizio presso l'Agenzia continua a prestare servizio in posizione di comando, distacco o fuori ruolo senza necessita' di ulteriori provvedimenti da parte delle amministrazioni di appartenenza. In presenza di professionalita' specifiche ed adeguate, il personale proveniente dalle amministrazioni pubbliche di cui all'articolo 1, comma 2, del decreto legislativo 30 marzo 2001, n. 165, e successive modificazioni, nonche' dagli enti pubblici economici, in servizio, alla data di entrata in vigore della presente disposizione, presso l'Agenzia in posizione di comando, distacco o fuori ruolo e' inquadrato nei ruoli dell'Agenzia, previa istanza da presentare nei sessanta giorni successivi secondo le modalita' stabilite con il regolamento di cui al comma 1. Negli inquadramenti si tiene conto prioritariamente delle istanze presentate dal personale, in servizio alla data di entrata in vigore della presente disposizione, che ha presentato analoga domanda ai sensi dell'articolo 13, comma 2, del regolamento di cui al decreto del Presidente della Repubblica 15 dicembre 2011, n. 235, e dell'articolo 1, comma 191, della legge 24 dicembre 2012, n. 228. Il passaggio del personale all'Agenzia determina la soppressione del posto in organico nell'amministrazione di appartenenza, con conseguente trasferimento delle relative risorse finanziarie al bilancio dell'Agenzia medesima.

4. I nominativi del personale di cui ai commi precedenti sono inseriti nel sito dell'Agenzia in base ai criteri di cui al decreto legislativo 14 marzo 2013, n. 33.

5. Il Direttore dell'Agenzia, previa delibera del Consiglio direttivo, puo' stipulare, nei limiti delle disponibilita' finanziarie esistenti e nel rispetto dell'articolo 7, comma 6, del decreto legislativo 30 marzo 2001, n.165, e successive modificazioni, contratti a tempo determinato per il conferimento di incarichi di particolare specializzazione in materia di gestioni aziendali e patrimoniali.

Art. 113-ter
Incarichi speciali

1. In aggiunta al personale di cui all'articolo 113-bis, presso l'Agenzia e alle dirette dipendenze funzionali del Direttore puo' operare, in presenza di professionalita' specifiche ed adeguate, nel limite delle risorse finanziarie disponibili a legislazione vigente, un contingente, fino al limite massimo di dieci unita', di personale con qualifica dirigenziale o equiparata, appartenente alle amministrazioni pubbliche di cui all'articolo 1, comma 2, del decreto legislativo 30 marzo 2001, n.165, e successive modificazioni, alle Forze di polizia di cui all'articolo 16 della legge 1º aprile 1981, n.121, nonche' ad enti pubblici economici.

2. Il personale di cui al comma 1, fatta eccezione per quello della carriera prefettizia che puo' essere collocato fuori ruolo, viene posto in posizione di comando o di distacco anche in deroga alla vigente normativa generale in materia di mobilita' e nel rispetto di quanto previsto dall'articolo 17, comma 14, della legge 15 maggio 1997, n.127.

3. Il personale di cui al comma 1 conserva lo stato giuridico e il trattamento economico fisso, continuativo e accessorio, secondo quanto previsto dai rispettivi ordinamenti, con oneri a carico dell'amministrazione di appartenenza e successivo rimborso da parte dell'Agenzia

all'amministrazione di appartenenza dei soli oneri relativi al trattamento accessorio. Per il personale appartenente alle Forze di polizia di cui all'articolo 16 della legge 1º aprile 1981, n.121, si applica la disposizione di cui all'articolo 2, comma 91, della legge 24 dicembre 2007, n. 244.

Art. 114
Foro esclusivo

1. Per tutte le controversie attribuite alla cognizione del giudice amministrativo derivanti dall'applicazione del presente titolo, la competenza e' determinata ai sensi dell'articolo 135, comma 1, lettera p), del codice del processo amministrativo.

2. All'Agenzia si applica l'articolo 1 del testo unico delle leggi e delle norme giuridiche sulla rappresentanza e difesa in giudizio dello Stato e sull'ordinamento dell'Avvocatura dello Stato di cui al regio decreto 30 ottobre 1933, n. 1611.

LIBRO IV
Modifiche al codice penale, al codice di procedura penale e alla legislazione penale complementare. Abrogazioni.
Disposizioni transitorie e di coordinamento

Art. 115
Modifiche all'articolo 23-bis della legge 13 settembre 1982, n. 646

1. All'articolo 23-bis, comma 1, della legge 13 settembre 1982, n. 646, le parole: «territorialmente competente» sono sostituite dalle seguenti: «presso il tribunale del capoluogo del distretto ove dimora la persona».

Art. 116
Disposizioni di coordinamento

1. Dalla data di entrata in vigore del presente decreto, i richiami alle disposizioni contenute nella legge 27 dicembre 1956, n. 1423, ovunque presenti, si intendono riferiti alle corrispondenti disposizioni contenute nel presente decreto.

2. Dalla data di cui al comma 1, i richiami alle disposizioni contenute nella legge 31 maggio 1965, n. 575, ovunque presenti, si intendono riferiti alle corrispondenti disposizioni contenute nel presente decreto.

3. Dalla data di cui al comma 1, i richiami alle disposizioni contenute negli articoli 1, 3 e 5 del decreto-legge 29 ottobre 1991, n. 345, convertito, con modificazioni, dalla legge 30 dicembre 1991, n. 410, ovunque presenti, si intendono riferiti alle corrispondenti disposizioni contenute nel presente decreto.

4. Dalla data di entrata in vigore delle disposizioni del libro II, capi I, II, III e IV, i richiami agli articoli ((...)) 4 e 5-bis del decreto legislativo 8 agosto 1994, n. 490 nonche' quelli alle disposizioni contenute nel decreto del Presidente della Repubblica 3 giugno 1998, n. 252 e nel decreto del Presidente della Repubblica 2 agosto 2010, n. 150, ovunque presenti, si intendono riferiti alle corrispondenti disposizioni contenute nel presente decreto.

Art. 117
Disciplina transitoria

1. Le disposizioni contenute nel libro I non si applicano ai procedimenti nei quali, alla data di entrata in vigore del presente decreto, sia gia' stata formulata proposta di applicazione della misura di prevenzione. In tali casi, continuano ad applicarsi le norme previgenti.

2. COMMA SOPPRESSO DALLA L. 24 DICEMBRE 2012, N. 228.

3. Al fine di garantire il potenziamento dell'attivita' istituzionale e lo sviluppo organizzativo delle strutture, l'Agenzia, previa autorizzazione del Ministro

dell'interno, di concerto con il Ministro dell'economia e delle finanze e con il Ministro per la pubblica amministrazione e l'innovazione, si avvale di personale proveniente dalle pubbliche amministrazioni, dalle Agenzie, compresa l'Agenzia del demanio, e dagli enti territoriali, assegnato all'Agenzia medesima anche in posizione di comando o di distacco, ove consentito dai rispettivi ordinamenti, ovvero stipula contratti di lavoro a tempo determinato, anche ricorrendo alle modalita' di cui al decreto legislativo 10 settembre 2003, n. 276. Tali rapporti di lavoro sono instaurati in deroga alle disposizioni dell'articolo 113-bis, commi 1, 2 e 3, nonche' nei limiti stabiliti dall'autorizzazione di cui al primo periodo del presente comma e delle risorse assegnate all'Agenzia ai sensi del terzo periodo del presente comma, e non possono avere durata superiore al 31 dicembre 2012. Per tali fini, all'Agenzia sono assegnati 2 milioni di euro per l'anno 2011 e 4 milioni di euro per l'anno 2012.

4. A decorrere dalla nomina di cui all'articolo 111, comma 2, cessa l'attivita' del Commissario straordinario per la gestione e la destinazione dei beni confiscati ad organizzazioni criminali e vengono contestualmente trasferite le funzioni e le risorse strumentali e finanziarie gia' attribuite allo stesso Commissario, nonche', nell'ambito del contingente indicato al comma 1, lettera a), le risorse umane, che restano nella medesima posizione gia' occupata presso il Commissario. L'Agenzia subentra nelle convenzioni, nei protocolli e nei contratti di collaborazione stipulati dal Commissario straordinario. L'Agenzia, nei limiti degli stanziamenti di cui all'articolo 118, comma 1, puo' avvalersi di esperti e collaboratori esterni.

5. Fino alla data di entrata in vigore del regolamento ovvero, quando piu' di uno, dell'ultimo dei regolamenti previsti dall'articolo 113, ai procedimenti di cui all'articolo 110, comma 2, continuano ad applicarsi le disposizioni vigenti anteriormente alla data di entrata in vigore del presente decreto. Le predette disposizioni si applicano anche ai procedimenti, di cui al medesimo articolo 110, comma 2, lettere b) e c), pendenti alla stessa data.

6. Al fine di programmare l'assegnazione e la destinazione dei beni oggetto dei procedimenti di cui al comma 5, il giudice delegato ovvero il giudice che procede comunica tempestivamente all'Agenzia i dati relativi ai detti procedimenti e impartisce all'amministratore giudiziario le disposizioni necessarie. L'Agenzia puo' avanzare proposte al giudice per la migliore utilizzazione del bene ai fini della sua successiva destinazione.

7. Qualora gli enti territoriali in cui ricadono i beni confiscati, alla data di entrata in vigore della legge di conversione del presente decreto, abbiano gia' presentato una manifestazione d'interesse al prefetto per le finalita' di cui all'articolo 48, comma 3, lettera c), l'Agenzia procede alla definizione e al compimento del trasferimento di tali beni immobili a favore degli stessi enti richiedenti. Qualora non sia rilevata possibile la cessione dell'intera azienda e gli enti territoriali manifestino interesse all'assegnazione dei soli beni immobili dell'azienda e ne facciano richiesta, l'Agenzia puo' procedere, valutati i profili occupazionali, alla liquidazione della stessa prevedendo l'estromissione dei beni immobili a favore degli stessi enti richiedenti. Le spese necessarie alla liquidazione dei beni aziendali residui

rispetto all'estromissione dei beni immobili assegnati agli enti territoriali sono poste a carico degli stessi enti richiedenti. Qualora dalla liquidazione derivi un attivo, questo e' versato direttamente allo Stato.

8. L'Agenzia puo', altresi', disporre, con delibera del Consiglio direttivo, l'estromissione di singoli beni immobili dall'azienda confiscata non in liquidazione e il loro trasferimento al patrimonio degli enti territoriali che ne facciano richiesta, qualora si tratti di beni che gli enti territoriali medesimi gia' utilizzano a qualsiasi titolo per finalita' istituzionali. La delibera del Consiglio direttivo e' adottata fatti salvi i diritti dei creditori dell'azienda confiscata.

8-bis. **L'Agenzia dispone altresi', ai sensi del comma 8 e nei limiti di cui all'articolo 48, comma 8-bis, l'estromissione e il trasferimento dei beni immobili aziendali, in via prioritaria, al patrimonio degli enti territoriali che abbiano sottoscritto con l'Agenzia o con pubbliche amministrazioni protocolli di intesa, accordi di programma ovvero analoghi atti idonei a disporre il trasferimento della proprieta' degli stessi beni, con efficacia decorrente dalla data indicata nei medesimi atti.**

Art. 118
Disposizioni finanziarie

1. Alla copertura degli oneri derivanti dall'istituzione e dal funzionamento dell'Agenzia, ivi compresi quelli relativi alle spese di personale di cui all'articolo 117, commi 2 e 4, **pari a 3,4 milioni di euro per l'anno 2010 ((, pari a 4,2 milioni di euro per gli anni 2011 e 2012 e pari a 5,472 milioni di euro a decorrere dall'anno 2013**, si provvede, quanto a 3,25 milioni di euro per l'anno 2010 e 4 milioni di euro, a decorrere dall'anno 2011 mediante corrispondente riduzione

dello stanziamento del fondo speciale di parte corrente iscritto, ai fini del bilancio triennale 2010-2012, nell'ambito del programma «Fondi di riserva e speciali» della missione «Fondi da ripartire» dello stato di previsione del Ministero dell'economia e delle finanze per l'anno 2010, allo scopo parzialmente utilizzando l'accantonamento relativo al Ministero dell'interno, nonche' quanto a 150 mila euro per l'anno 2010 e 200 mila euro a decorrere dall'anno 2011, mediante corrispondente riduzione dell'autorizzazione di spesa di cui al decreto legislativo 30 luglio 1999, n. 303, come determinata dalla Tabella C della legge 23 dicembre 2009, n. 191 **nonche' per ulteriori 1,272 milioni di euro a decorrere dall'anno 2013 mediante corrispondente riduzione dell'autorizzazione di spesa recata dall'articolo 3, comma 151, della legge 24 dicembre 2003, n. 350**.

2. Agli oneri derivanti dal potenziamento dell'attivita' istituzionale e dallo sviluppo organizzativo delle strutture ai sensi dell'articolo 117, comma 3, pari a 2 milioni di euro per l'anno 2011 e a 4 milioni di euro per l'anno 2012, si provvede mediante corrispondente riduzione dell'autorizzazione di spesa di cui all'articolo 10, comma 5, del decreto-legge 29 novembre 2004, n. 282, convertito, con modificazioni, dalla legge 27 dicembre 2004, n. 307, relativa al Fondo per interventi strutturali di politica economica. Il Ministro dell'economia e delle finanze e' autorizzato ad apportare, con propri decreti, le occorrenti variazioni di bilancio.

3. All'attuazione delle disposizioni del titolo III, capo V, si provvede nei limiti delle risorse gia' destinate allo scopo a legislazione vigente nello stato di previsione del Ministero dell'interno.

Art. 119
Entrata in vigore

1. Le disposizioni del libro II, capi I, II, III e IV, entrano in vigore decorsi due mesi dalla data di pubblicazione nella Gazzetta Ufficiale del primo decreto legislativo contenente le disposizioni integrative e correttive adottate ai sensi degli articoli 1, comma 5, e 2, comma 4, della legge 13 agosto 2010, n. 136.

Art. 120
Abrogazioni

1. Sono abrogate le seguenti disposizioni:

a) legge 27 dicembre 1956, n. 1423;

b) legge 31 maggio 1965, n. 575;

c) decreto-legge 4 febbraio 2010, n. 4, convertito in legge 31 marzo 2010, n. 50;

d) articoli da 18 a 24 della legge 22 maggio 1975, n. 152;

e) articolo 16 della legge 13 settembre 1982, n. 646;

f) articoli da 2 ad 11, 13 e 15 della legge 3 agosto 1988, n. 327;

g) articolo 7-ter della legge 13 dicembre 1989, n. 401;

h) articolo 34 della legge 19 marzo 1990, n. 55;

i) articoli 1, 3 e 5 del decreto-legge 29 ottobre 1991, n. 345, convertito, con modificazioni, dalla legge 30 dicembre 1991, n. 410;

l) articoli 70-bis, 76-bis, 76-ter, 110-bis e 110-ter del regio decreto 30 gennaio 1941, n. 12.

2. A decorrere dalla data di cui all'articolo 119, comma 1, sono abrogate le seguenti disposizioni:

a) decreto legislativo 8 agosto 1994, n. 490;

b) decreto del Presidente della Repubblica 3 giugno 1998, n. 252;

c) decreto del Presidente della Repubblica 2 agosto 2010, n. 150.

Il presente decreto, munito del sigillo dello Stato, sara' inserito nella Raccolta ufficiale degli atti normativi della Repubblica italiana.

E' fatto obbligo a chiunque spetti di osservarlo e di farlo osservare.

Dato a Roma, addi' 6 settembre 2011
NAPOLITANO

Berlusconi, Presidente del Consiglio dei Ministri

Palma, Ministro della giustizia
Maroni, Ministro dell'interno
Tremonti, Ministro dell'economia e delle finanze
Brunetta, Ministro per la pubblica amministrazione e l'innovazione

Visto, il Guardasigilli: Palma

Data Pubblicazione	Aggiornamenti
23/11/2011	Il DECRETO LEGISLATIVO 15 novembre 2011, n. 195 (in G.U. 23/11/2011, n.273), nell'introdurre il comma 25-ter all'art. 3 dell'Allegato 4 del D.Lgs. 2 luglio 2010, n. 104 (in S.O. n. 148 relativo alla G.U. 7/7/2010, n. 156), ha conseguentemente disposto (con l'art. 1, comma 3, lettera a)) la modifica dell'art. 114, comma 1.
09/02/2012	Il DECRETO-LEGGE 9 febbraio 2012, n. 5 (in SO n.27, relativo alla G.U. 09/02/2012, n.33), convertito con modificazioni dalla L. 4 aprile 2012, n. 35 (in SO n. 69, relativo alla G.U. 06/04/2012, n. 82), ha disposto (con l'art. 6, comma 3-bis) l'introduzione del comma 2-bis all'art. 99.
08/10/2012	La LEGGE 1ottobre 2012, n. 172 (in G.U. 08/10/2012, n.235) ha disposto (con l'art. 6, comma 1) la modifica dell'art. 8, comma 5.
13/12/2012	Il DECRETO LEGISLATIVO 15 novembre 2012, n. 218 (in G.U. 13/12/2012, n.290) ha disposto (con l'art. 1, comma 1) la modifica dell'art. 39, comma 1.
13/12/2012	Il DECRETO LEGISLATIVO 15 novembre 2012, n. 218 (in G.U. 13/12/2012, n.290) ha disposto (con l'art. 8, comma 1, lettera d)) la modifica dell'art. 116, comma 4.
13/12/2012	Il DECRETO LEGISLATIVO 15 novembre 2012, n. 218 (in G.U. 13/12/2012, n.290) ha disposto (con l'art. 2, comma 1, lettera a)) l'introduzione del comma 4-bis all'art. 84.
13/12/2012	Il DECRETO LEGISLATIVO 15 novembre 2012, n. 218 (in G.U. 13/12/2012, n.290) ha disposto (con l'art. 2, comma 1, lettera b)) la modifica dell'art. 85, comma 2, lettera d), l'introduzione dei commi 2-bis, 2-ter e 2-quater all'art. 85 e la modifica dell'art. 85, comma 3.
13/12/2012	Il DECRETO LEGISLATIVO 15 novembre 2012, n. 218 (in G.U. 13/12/2012, n.290) ha disposto (con l'art. 3, comma 1) la modifica dell'art. 86, commi 1 e 2.
13/12/2012	Il DECRETO LEGISLATIVO 15 novembre 2012, n. 218 (in G.U. 13/12/2012, n.290) ha disposto (con l'art. 4, comma 1, lettera a)) la modifica dell'art. 87, comma 1.
13/12/2012	Il DECRETO LEGISLATIVO 15 novembre 2012, n. 218 (in G.U. 13/12/2012, n.290) ha disposto (con l'art. 4, comma 1, lettera b)) la modifica dell'art. 88, comma 1 e l'introduzione del comma 3-bis all'art. 88.
13/12/2012	Il DECRETO LEGISLATIVO 15 novembre 2012, n. 218 (in G.U. 13/12/2012, n.290) ha disposto (con l'art. 4, comma 1, lettera c)) la soppressione della lettera e) dell'art. 91, comma 4, la modifica dell'art. 91, commi 5 e 6 e l'introduzione del comma 7-bis all'art. 91.
13/12/2012	Il DECRETO LEGISLATIVO 15 novembre 2012, n. 218 (in G.U. 13/12/2012, n.290) ha disposto (con l'art. 5, comma 1, lettera a)) la modifica dell'art. 92, commi 1 e 2.
13/12/2012	Il DECRETO LEGISLATIVO 15 novembre 2012, n. 218 (in G.U. 13/12/2012, n.290) ha disposto (con l'art. 5, comma 1, lettera b)) l'abrogazione del comma 6 dell'art. 93.
13/12/2012	Il DECRETO LEGISLATIVO 15 novembre 2012, n. 218 (in G.U. 13/12/2012, n.290) ha disposto (con l'art. 6, comma 1) la modifica dell'art. 99, comma 2-bis.
13/12/2012	Il DECRETO LEGISLATIVO 15 novembre 2012, n. 218 (in G.U. 13/12/2012, n.290) ha disposto (con l'art. 7, comma 1) la modifica dell'art. 114, comma 2.
13/12/2012	Il DECRETO LEGISLATIVO 15 novembre 2012, n. 218 (in G.U. 13/12/2012, n.290) ha disposto (con l'art. 8, comma 1, lettera a)) la modifica dell'art. 84, comma 3.
13/12/2012	Il DECRETO LEGISLATIVO 15 novembre 2012, n. 218 (in G.U. 13/12/2012, n.290) ha disposto (con l'art. 8, comma 1, lettera a)) la modifica dell'art. 92, comma 2.
13/12/2012	Il DECRETO LEGISLATIVO 15 novembre 2012, n. 218 (in G.U. 13/12/2012, n.290) ha disposto (con l'art. 8, comma 1, lettera a)) la modifica dell'art. 93, comma 4.
13/12/2012	Il DECRETO LEGISLATIVO 15 novembre 2012, n. 218 (in G.U. 13/12/2012, n.290) ha disposto (con l'art. 8, comma 1, lettera a)) la modifica dell'art. 94, commi 1 e 2.
13/12/2012	Il DECRETO LEGISLATIVO 15 novembre 2012, n. 218 (in G.U. 13/12/2012, n.290) ha disposto (con l'art. 8, comma 1, lettera a)) la modifica dell'art. 95, commi 1 e 3.

13/12/2012	Il DECRETO LEGISLATIVO 15 novembre 2012, n. 218 (in G.U. 13/12/2012, n.290) ha disposto (con l'art. 8, comma 1, lettera b)) la modifica dell'art. 101, comma 1.
13/12/2012	Il DECRETO LEGISLATIVO 15 novembre 2012, n. 218 (in G.U. 13/12/2012, n.290) ha disposto (con l'art. 8, comma 1, lettera c)) la modifica dell'art. 108, comma 8.
13/12/2012	Il DECRETO LEGISLATIVO 15 novembre 2012, n. 218 (in G.U. 13/12/2012, n.290) ha disposto (con l'art. 9, comma 1, lettera a)) la modifica dell'art. 119, comma 1.
13/12/2012	Il DECRETO LEGISLATIVO 15 novembre 2012, n. 218 (in G.U. 13/12/2012, n.290) ha disposto (con l'art. 9, comma 1, lettera b)) la modifica dell'art. 120, comma 2.
29/12/2012	La LEGGE 24 dicembre 2012, n. 228 (in SO n.212, relativo alla G.U. 29/12/2012, n.302) ha disposto (con l'art. 1, comma 189, lettera a)) la modifica dell'art. 24, comma 2.
29/12/2012	La LEGGE 24 dicembre 2012, n. 228 (in SO n.212, relativo alla G.U. 29/12/2012, n.302) ha disposto (con l'art. 1, comma 189, lettera b)) l'introduzione dei commi 5-bis, 5-ter, 5-quater e 5-quinquies all'art. 40.
29/12/2012	La LEGGE 24 dicembre 2012, n. 228 (in SO n.212, relativo alla G.U. 29/12/2012, n.302) ha disposto (con l'art. 1, comma 189, lettera c)) la modifica dell'art. 48, commi 1, lettera b) e 12.
29/12/2012	La LEGGE 24 dicembre 2012, n. 228 (in SO n.212, relativo alla G.U. 29/12/2012, n.302) ha disposto (con l'art. 1, comma 189, lettera d)) la modifica della rubrica dell'art. 51 e l'introduzione dei commi 3-bis e 3-ter all'art. 51.
29/12/2012	La LEGGE 24 dicembre 2012, n. 228 (in SO n.212, relativo alla G.U. 29/12/2012, n.302) ha disposto (con l'art. 1, comma 189, lettera e)) la modifica dell'art. 110, comma 2, lettere c) ed e).
29/12/2012	La LEGGE 24 dicembre 2012, n. 228 (in SO n.212, relativo alla G.U. 29/12/2012, n.302) ha disposto (con l'art. 1, comma 189, lettera f)) la modifica dell'art. 111, commi 3 e 6.
29/12/2012	La LEGGE 24 dicembre 2012, n. 228 (in SO n.212, relativo alla G.U. 29/12/2012, n.302) ha disposto (con l'art. 1, comma 189, lettera g)) la modifica dell'art. 113, commi 2 e 3 e l'introduzione del comma 3-bis all'art. 113.
29/12/2012	La LEGGE 24 dicembre 2012, n. 228 (in SO n.212, relativo alla G.U. 29/12/2012, n.302) ha disposto (con l'art. 1, comma 189, lettera h)) l'introduzione dell'art. 113-bis.
29/12/2012	La LEGGE 24 dicembre 2012, n. 228 (in SO n.212, relativo alla G.U. 29/12/2012, n.302) ha disposto (con l'art. 1, comma 189, lettera i)) la modifica dell'art. 117, comma 3 e la soppressione del comma 2 dell'art. 117.
29/12/2012	La LEGGE 24 dicembre 2012, n. 228 (in SO n.212, relativo alla G.U. 29/12/2012, n.302) ha disposto (con l'art. 1, comma 189, lettera l)) la modifica dell'art. 118, comma 1.
16/08/2013	Il DECRETO-LEGGE 14 agosto 2013, n. 93 (in G.U. 16/08/2013, n.191), convertito con modificazioni dalla L. 15 ottobre 2013, n. 119 (in G.U. 15/10/2013, n. 242), ha disposto (con l'art. 11, comma 4-bis, lettere a) e b)) la modifica dell'art. 40, comma 5-bis.
16/08/2013	Il DECRETO-LEGGE 14 agosto 2013, n. 93 (in G.U. 16/08/2013, n.191), convertito con modificazioni dalla L. 15 ottobre 2013, n. 119 (in G.U. 15/10/2013, n. 242), ha disposto (con l'art. 11, comma 4-ter) l'introduzione del comma 12-bis all'art. 48.
31/08/2013	Il DECRETO-LEGGE 31 agosto 2013, n. 101 (in G.U. 31/08/2013, n.204), convertito con modificazioni dalla L. 30 ottobre 2013, n. 125 (in G.U. 30/10/2013, n. 255), ha disposto (con l'art. 2, comma 13-ter) l'introduzione della lettera c-bis) all'art. 97, comma 1.

31/08/2013	Il DECRETO-LEGGE 31 agosto 2013, n. 101 (in G.U. 31/08/2013, n.204), convertito con modificazioni dalla L. 30 ottobre 2013, n. 125 (in G.U. 30/10/2013, n. 255), ha disposto (con l'art. 11, comma 14-bis) la modifica dell'art. 108, comma 8.
12/09/2013	Il DECRETO-LEGGE 12 settembre 2013, n. 104 (in G.U. 12/09/2013, n.214), convertito con modificazioni dalla L. 8 novembre 2013, n. 128 (in G.U. 11/11/2013, n. 264), ha disposto (con l'art. 2, comma 2-quater) l'introduzione del comma 1-bis all'art. 48.
11/12/2013	La Corte costituzionale, con sentenza 2 dicembre 2013, n. 291 (in G.U. 11/12/2013 n. 50) ha dichiarato l'illegittimita' costituzionale dell'art. 15.
27/12/2013	La LEGGE 27 dicembre 2013, n. 147 (in SO n.87, relativo alla G.U. 27/12/2013, n.302) ha disposto (con l'art. 1, comma 443, lettera a)) l'introduzione del comma 2-bis all'art. 52.
27/12/2013	La LEGGE 27 dicembre 2013, n. 147 (in SO n.87, relativo alla G.U. 27/12/2013, n.302) ha disposto (con l'art. 1, comma 443, lettera b)) la modifica dell'art. 53, comma 1.
22/08/2014	Il DECRETO-LEGGE 22 agosto 2014, n. 119 (in G.U. 22/08/2014, n.194), convertito con modificazioni dalla L. 17 ottobre 2014, n. 146 (in G.U. 21/10/2014, n. 245), ha disposto (con l'art. 4, comma 2) la modifica dell'art. 4, comma 1, lettera i).
27/10/2014	Il DECRETO LEGISLATIVO 13 ottobre 2014, n. 153 (in G.U. 27/10/2014, n.250) ha disposto (con l'art. 1, comma 1, lettera a)) la modifica dell'art. 85, comma 3.
27/10/2014	Il DECRETO LEGISLATIVO 13 ottobre 2014, n. 153 (in G.U. 27/10/2014, n.250) ha disposto (con l'art. 1, comma 1, lettera b)) l'introduzione del comma 2-bis all'art. 86.
27/10/2014	Il DECRETO LEGISLATIVO 13 ottobre 2014, n. 153 (in G.U. 27/10/2014, n.250) ha disposto (con l'art. 2, comma 1, lettera a)) la modifica dell'art. 87, commi 1 e 2.
27/10/2014	Il DECRETO LEGISLATIVO 13 ottobre 2014, n. 153 (in G.U. 27/10/2014, n.250) ha disposto (con l'art. 2, comma 1, lettera b)) la modifica dell'art. 88, comma 4 e l'introduzione dei commi 4-bis, 4-ter, 4-quater, 4-quinquies all'art. 88.
27/10/2014	Il DECRETO LEGISLATIVO 13 ottobre 2014, n. 153 (in G.U. 27/10/2014, n.250) ha disposto (con l'art. 2, comma 1, lettera c)) la modifica dell'art. 89, comma 1.
27/10/2014	Il DECRETO LEGISLATIVO 13 ottobre 2014, n. 153 (in G.U. 27/10/2014, n.250) ha disposto (con l'art. 2, comma 1, lettera d)) l'introduzione dell'art. 89-bis.
27/10/2014	Il DECRETO LEGISLATIVO 13 ottobre 2014, n. 153 (in G.U. 27/10/2014, n.250) ha disposto (con l'art. 3, comma 1, lettera a)) la modifica dell'art. 90, commi 1 e 2.
27/10/2014	Il DECRETO LEGISLATIVO 13 ottobre 2014, n. 153 (in G.U. 27/10/2014, n.250) ha disposto (con l'art. 3, comma 1, lettera b)) la modifica dell'art. 92, commi 2, 3 e 5 e l'introduzione del comma 2-bis all'art. 92.
27/10/2014	Il DECRETO LEGISLATIVO 13 ottobre 2014, n. 153 (in G.U. 27/10/2014, n.250) ha disposto (con l'art. 4, comma 1, lettera a)) l'introduzione del comma 2-ter all'art. 99.
27/10/2014	Il DECRETO LEGISLATIVO 13 ottobre 2014, n. 153 (in G.U. 27/10/2014, n.250) ha disposto (con l'art. 4, comma 1, lettera b)) l'introduzione dell'art. 99-bis.
27/10/2014	Il DECRETO LEGISLATIVO 13 ottobre 2014, n. 153 (in G.U. 27/10/2014, n.250) ha disposto (con l'art. 5, comma 1, lettera a)) la modifica dell'art. 34, comma 7.
27/10/2014	Il DECRETO LEGISLATIVO 13 ottobre 2014, n. 153 (in G.U. 27/10/2014, n.250) ha disposto (con l'art. 5, comma 1, lettera b)) la modifica dell'art. 82, comma 1.
27/10/2014	Il DECRETO LEGISLATIVO 13 ottobre 2014, n. 153 (in G.U. 27/10/2014, n.250) ha disposto (con l'art. 5, comma 1, lettera c)) la modifica dell'art. 87, comma 3.
27/10/2014	Il DECRETO LEGISLATIVO 13 ottobre 2014, n. 153 (in G.U. 27/10/2014, n.250) ha disposto (con l'art. 5, comma 1, lettera c)) la modifica dell'art. 88, commi 1, 2 e 3; (con l'art. 5, comma 1, lettera d)) la modifica dell'art. 88, comma 3-bis.

27/10/2014	Il DECRETO LEGISLATIVO 13 ottobre 2014, n. 153 (in G.U. 27/10/2014, n.250) ha disposto (con l'art. 5, comma 1, lettera c)) la modifica dell'art. 90, comma 3.
27/10/2014	Il DECRETO LEGISLATIVO 13 ottobre 2014, n. 153 (in G.U. 27/10/2014, n.250) ha disposto (con l'art. 5, comma 1, lettera c)) la modifica dell'art. 91, comma 3.
27/10/2014	Il DECRETO LEGISLATIVO 13 ottobre 2014, n. 153 (in G.U. 27/10/2014, n.250) ha disposto (con l'art. 5, comma 1, lettera c)) la modifica dell'art. 92, comma 1.
27/10/2014	Il DECRETO LEGISLATIVO 13 ottobre 2014, n. 153 (in G.U. 27/10/2014, n.250) ha disposto (con l'art. 5, comma 1, lettera b)) la modifica dell'art. 96, comma 1; (con l'art. 5, comma 1, lettera c)) la modifica dell'art. 96, comma 2.
27/10/2014	Il DECRETO LEGISLATIVO 13 ottobre 2014, n. 153 (in G.U. 27/10/2014, n.250) ha disposto (con l'art. 5, comma 1, lettera c)) la modifica dell'art. 97, rubrica e comma 1.
27/10/2014	Il DECRETO LEGISLATIVO 13 ottobre 2014, n. 153 (in G.U. 27/10/2014, n.250) ha disposto (con l'art. 5, comma 1, lettera c)) la modifica dell'art. 98, rubrica e commi 1, 2 e 3.
27/10/2014	Il DECRETO LEGISLATIVO 13 ottobre 2014, n. 153 (in G.U. 27/10/2014, n.250) ha disposto (con l'art. 5, comma 1, lettera c)) la modifica dell'art. 99, rubrica e commi 1, lettere a) e b), e 2-bis.
28/11/2014	Il DECRETO LEGISLATIVO 21 novembre 2014, n. 175 (in G.U. 28/11/2014, n.277) ha disposto (con l'art. 32, comma 1) la modifica dell'art. 51, comma 3-bis.
19/02/2015	Il DECRETO-LEGGE 18 febbraio 2015, n. 7 (in G.U. 19/02/2015, n.41), convertito con modificazioni dalla L. 17 aprile 2015, n. 43 (in G.U. 20/04/2015, n. 91), ha disposto (con l'art. 4, comma 1, lettera a)) la modifica dell'art. 4, comma 1, lettera d).
19/02/2015	Il DECRETO-LEGGE 18 febbraio 2015, n. 7 (in G.U. 19/02/2015, n.41), convertito con modificazioni dalla L. 17 aprile 2015, n. 43 (in G.U. 20/04/2015, n. 91), ha disposto (con l'art. 4, comma 1, lettera c)) la modifica dell'art. 71, comma 1.
19/02/2015	Il DECRETO-LEGGE 18 febbraio 2015, n. 7 (in G.U. 19/02/2015, n.41), convertito con modificazioni dalla L. 17 aprile 2015, n. 43 (in G.U. 20/04/2015, n. 91), ha disposto (con l'art. 4, comma 1, lettera b)) l'introduzione del comma 2-bis all'art. 9.
19/02/2015	Il DECRETO-LEGGE 18 febbraio 2015, n. 7 (in G.U. 19/02/2015, n.41), convertito con modificazioni dalla L. 17 aprile 2015, n. 43 (in G.U. 20/04/2015, n. 91), ha disposto (con l'art. 4, comma 1, lettera b-bis) la modifica dell'art. 17, comma 1.
19/02/2015	Il DECRETO-LEGGE 18 febbraio 2015, n. 7 (in G.U. 19/02/2015, n.41), convertito con modificazioni dalla L. 17 aprile 2015, n. 43 (in G.U. 20/04/2015, n. 91), ha disposto (con l'art. 4, comma 1, lettera d)) l'introduzione dell'art. 75-bis.
19/02/2015	Il DECRETO-LEGGE 18 febbraio 2015, n. 7 (in G.U. 19/02/2015, n.41), convertito con modificazioni dalla L. 17 aprile 2015, n. 43 (in G.U. 20/04/2015, n. 91), ha disposto (con l'art. 10, comma 1) la modifica dell'art. 103.
19/02/2015	Il DECRETO-LEGGE 18 febbraio 2015, n. 7 (in G.U. 19/02/2015, n.41), convertito con modificazioni dalla L. 17 aprile 2015, n. 43 (in G.U. 20/04/2015, n. 91), ha disposto (con l'art. 10, comma 2) la modifica dell'art. 104, comma 1.
19/02/2015	Il DECRETO-LEGGE 18 febbraio 2015, n. 7 (in G.U. 19/02/2015, n.41), convertito con modificazioni dalla L. 17 aprile 2015, n. 43 (in G.U. 20/04/2015, n. 91), ha disposto (con l'art. 10, comma 3, lettera a)) la modifica dell'art. 105, comma 1.
19/02/2015	Il DECRETO-LEGGE 18 febbraio 2015, n. 7 (in G.U. 19/02/2015, n.41), convertito con modificazioni dalla L. 17 aprile 2015, n. 43 (in G.U. 20/04/2015, n. 91), ha disposto (con l'art. 10, comma 4) la modifica dell'art. 106, comma 1.
10/08/2015	La LEGGE 6 agosto 2015, n. 121 (in G.U. 10/08/2015, n.184) ha disposto (con l'art. 1, comma 1) la modifica dell'art. 85, comma 3.

08/09/2015	La LEGGE 18 agosto 2015, n. 141 (in G.U. 08/09/2015, n.208) ha disposto (con l'art. 6, comma 4) la modifica dell'art. 48, comma 3, lettera c).
30/12/2016	Il DECRETO-LEGGE 29 dicembre 2016, n. 243 (in G.U. 30/12/2016, n.304) convertito con modificazioni dalla L. 27 febbraio 2017, n. 18 (in G.U. 28/02/2017, n.49) ha disposto (con l'art. 7-septies, comma 1, lettera a)) l'introduzione del comma 8-bis all'art. 48.
30/12/2016	Il DECRETO-LEGGE 29 dicembre 2016, n. 243 (in G.U. 30/12/2016, n.304) convertito con modificazioni dalla L. 27 febbraio 2017, n. 18 (in G.U. 28/02/2017, n.49) ha disposto (con l'art. 7-septies, comma 1, lettera b)) l'introduzione del comma 8-bis all'art. 117.
20/02/2017	Il DECRETO-LEGGE 20 febbraio 2017, n. 14 (in G.U. 20/02/2017, n.42), convertito con modificazioni dalla L. 18 aprile 2017, n. 48 (in G.U. 21/04/2017, n. 93), ha disposto (con l'art. 15, comma 1, lettera a)) la modifica dell'art. 1, comma 1, lettera c).
20/02/2017	Il DECRETO-LEGGE 20 febbraio 2017, n. 14 (in G.U. 20/02/2017, n.42), convertito con modificazioni dalla L. 18 aprile 2017, n. 48 (in G.U. 21/04/2017, n. 93), ha disposto (con l'art. 15, comma 1, lettera b)) l'introduzione del comma 3-bis all'art. 6.
04/07/2017	La LEGGE 23 giugno 2017, n. 103 (in G.U. 04/07/2017, n.154) ha disposto (con l'art. 1, commi 80 e 81) la modifica dell'art. 7, comma 8.
16/10/2017	Il DECRETO-LEGGE 16 ottobre 2017, n. 148 (in G.U. 16/10/2017, n.242), convertito con modificazioni dalla L. 4 dicembre 2017, n. 172 (in G.U. 05/12/2017, n. 284), ha disposto (con l'art. 19-terdecies, comma 1, lettera a)) la modifica dell'art. 83, comma 3-bis.
16/10/2017	Il DECRETO-LEGGE 16 ottobre 2017, n. 148 (in G.U. 16/10/2017, n.242), convertito con modificazioni dalla L. 4 dicembre 2017, n. 172 (in G.U. 05/12/2017, n. 284), ha disposto (con l'art. 19-terdecies, comma 1, lettera b)) la modifica dell'art. 91, comma 1-bis.
04/11/2017	La LEGGE 17 ottobre 2017, n. 161 (in G.U. 04/11/2017, n.258) ha disposto (con l'art. 1, comma 1, lettera a)) la modifica dell'art. 4, comma 1, lettera b); (con l'art. 1, comma 1, lettera b)) la modifica dell'art. 4, comma 1, lettera d); (con l'art. 1, comma 1, lettera c)) la modifica dell'art. 4, comma 1, lettera f); (con l'art. 1, comma 1, lettera d)) l'introduzione delle lettere i-bis) e i-ter) all'art. 4, comma 1.
04/11/2017	La LEGGE 17 ottobre 2017, n. 161 (in G.U. 04/11/2017, n.258) ha disposto (con l'art. 2, comma 1, lettera a)) la modifica dell'art. 5, comma 2; (con l'art. 2, comma 1, lettera b)) la modifica dell'art. 5, comma 4.
04/11/2017	La LEGGE 17 ottobre 2017, n. 161 (in G.U. 04/11/2017, n.258) ha disposto (con l'art. 2, comma 2) la modifica dell'art. 6, comma 2.
04/11/2017	La LEGGE 17 ottobre 2017, n. 161 (in G.U. 04/11/2017, n.258) ha disposto (con l'art. 2, comma 3, lettera a)) la modifica dell'art. 7, commi 1 e 2; (con l'art. 2, comma 3, lettera b)) la modifica dell'art. 7, comma 4 e l'introduzione del comma 4-bis all'art. 7; (con l'art. 2, comma 3, lettera c)) la modifica dell'art. 7, comma 5; (con l'art. 2, comma 3, lettera d)) la modifica dell'art. 7, comma 6; (con l'art. 2, comma 3, lettera e)) la modifica dell'art. 7, comma 8; (con l'art. 2, comma 3, lettera f)) l'introduzione dei commi 10-bis, 10-ter, 10-quater, 10-quinquies, 10-sexies, 10-septies e 10-octies all'art. 7.
04/11/2017	La LEGGE 17 ottobre 2017, n. 161 (in G.U. 04/11/2017, n.258) ha disposto (con l'art. 2, comma 4, lettera a)) la modifica dell'art. 8, comma 5; (con l'art. 2, comma 4, lettera b)) la modifica dell'art. 8, comma 8.
04/11/2017	La LEGGE 17 ottobre 2017, n. 161 (in G.U. 04/11/2017, n.258) ha disposto (con l'art. 3, comma 1, lettera a)) la modifica dell'art. 10, comma 1; (con l'art. 3, comma

1, lettera b)) l'introduzione del comma 1-bis all'art. 10; (con l'art. 3, comma 1, lettera c)) l'introduzione dei commi 2-bis e 2-ter all'art. 10; (con l'art. 3, comma 1, lettera d)) la modifica dell'art. 10, comma 3; (con l'art. 3, comma 1, lettera e)) l'introduzione del comma 3-bis all'art. 10.

04/11/2017	La LEGGE 17 ottobre 2017, n. 161 (in G.U. 04/11/2017, n.258) ha disposto (con l'art. 4, comma 1) l'introduzione dei commi 2-bis e 2-ter all'art. 14.
04/11/2017	La LEGGE 17 ottobre 2017, n. 161 (in G.U. 04/11/2017, n.258) ha disposto (con l'art. 5, comma 1, lettera a)) la modifica dell'art. 17, comma 1; (con l'art. 5, comma 1, lettera b)) la modifica dell'art. 17, comma 2; (con l'art. 5, comma 1, lettera c)) l'introduzione del comma 3-bis all'art. 17.
04/11/2017	La LEGGE 17 ottobre 2017, n. 161 (in G.U. 04/11/2017, n.258) ha disposto (con l'art. 5, comma 2) la modifica dell'art. 19, comma 4.
04/11/2017	La LEGGE 17 ottobre 2017, n. 161 (in G.U. 04/11/2017, n.258) ha disposto (con l'art. 5, comma 4) la modifica dell'art. 20.
04/11/2017	La LEGGE 17 ottobre 2017, n. 161 (in G.U. 04/11/2017, n.258) ha disposto (con l'art. 5, comma 5, lettera a)) la modifica dell'art. 21, comma 1; (con l'art. 5, comma 5, lettera b)) la modifica dell'art. 21, comma 2.
04/11/2017	La LEGGE 17 ottobre 2017, n. 161 (in G.U. 04/11/2017, n.258) ha disposto (con l'art. 5, comma 6, lettera a)) la modifica dell'art. 22, comma 2; (con l'art. 5, comma 6, lettera b)) l'introduzione del comma 2-bis all'art. 22.
04/11/2017	La LEGGE 17 ottobre 2017, n. 161 (in G.U. 04/11/2017, n.258) ha disposto (con l'art. 5, comma 7) la modifica dell'art. 23, comma 4.
04/11/2017	La LEGGE 17 ottobre 2017, n. 161 (in G.U. 04/11/2017, n.258) ha disposto (con l'art. 5, comma 8, lettera a)) la modifica dell'art. 24, comma 1 e l'introduzione del comma 1-bis all'art. 24; (con l'art. 5, comma 8, lettera b)) la modifica dell'art. 24, comma 2 e l'introduzione del comma 2-bis all'art. 24;
04/11/2017	La LEGGE 17 ottobre 2017, n. 161 (in G.U. 04/11/2017, n.258) ha disposto (con l'art. 5, comma 9) la modifica dell'art. 25.
04/11/2017	La LEGGE 17 ottobre 2017, n. 161 (in G.U. 04/11/2017, n.258) ha disposto (con l'art. 6, comma 1, lettera a)) la modifica dell'art. 27, comma 1; (con l'art. 6, comma 1, lettera b)) l'introduzione del comma 3-bis all'art. 27; (con l'art. 6, comma 1, lettera c)) l'introduzione del comma 6-bis all'art. 27.
04/11/2017	La LEGGE 17 ottobre 2017, n. 161 (in G.U. 04/11/2017, n.258) ha disposto (con l'art. 7, comma 1, lettera a)) la modifica dell'art. 28, comma 1, alinea; (con l'art. 7, comma 1, lettera b)) la modifica dell'art. 28, comma 4.
04/11/2017	La LEGGE 17 ottobre 2017, n. 161 (in G.U. 04/11/2017, n.258) ha disposto (con l'art. 8, comma 1, lettera a)) la modifica dell'art. 30, comma 1; (con l'art. 8, comma 1, lettera b)) la modifica dell'art. 30, comma 3.
04/11/2017	La LEGGE 17 ottobre 2017, n. 161 (in G.U. 04/11/2017, n.258) ha disposto (con l'art. 9, comma 1) la modifica dell'art. 31, comma 3.
04/11/2017	La LEGGE 17 ottobre 2017, n. 161 (in G.U. 04/11/2017, n.258) ha disposto (con l'art. 10, comma 1) la modifica dell'art. 34.
04/11/2017	La LEGGE 17 ottobre 2017, n. 161 (in G.U. 04/11/2017, n.258) ha disposto (con l'art. 11, comma 1) l'introduzione dell'art. 34-bis.
04/11/2017	La LEGGE 17 ottobre 2017, n. 161 (in G.U. 04/11/2017, n.258) ha disposto (con l'art. 12, comma 1) l'introduzione dell'art. 34-ter.
04/11/2017	La LEGGE 17 ottobre 2017, n. 161 (in G.U. 04/11/2017, n.258) ha disposto (con l'art. 13, comma 1, lettera a)) la modifica dell'art. 35, commi 1, 2, 3, 4, 5 e l'introduzione dei commi 2-bis e 2-ter all'art. 35; (con l'art. 13, comma 1, lettera b)) la modifica dell'art. 35, comma 8.

04/11/2017	La LEGGE 17 ottobre 2017, n. 161 (in G.U. 04/11/2017, n.258) ha disposto (con l'art. 13, comma 2) l'introduzione dell'art. 35-bis.
04/11/2017	La LEGGE 17 ottobre 2017, n. 161 (in G.U. 04/11/2017, n.258) ha disposto (con l'art. 13, comma 3, lettera a)) la modifica dell'art. 36, comma 1, lettere a) ed e); (con l'art. 13, comma 3, lettera b)) la modifica dell'art. 36, comma 4.
04/11/2017	La LEGGE 17 ottobre 2017, n. 161 (in G.U. 04/11/2017, n.258) ha disposto (con l'art. 13, comma 4) la modifica dell'art. 37, comma 3.
04/11/2017	La LEGGE 17 ottobre 2017, n. 161 (in G.U. 04/11/2017, n.258) ha disposto (con l'art. 13, comma 5) la modifica dell'art. 38, commi 1, 2, 3, 4 e 5.
04/11/2017	La LEGGE 17 ottobre 2017, n. 161 (in G.U. 04/11/2017, n.258) ha disposto (con l'art. 13, comma 6) l'introduzione del comma 1-bis all'art. 39.
04/11/2017	La LEGGE 17 ottobre 2017, n. 161 (in G.U. 04/11/2017, n.258) ha disposto (con l'art. 14, comma 1, lettera a)) la modifica dell'art. 40, commi 1, 2, 3, 4 e l'introduzione dei commi 2-bis, 3-bis, 3-ter, 3-quater all'art. 4; (con l'art. 14, comma 1, lettera b)) la modifica dell'art. 40, commi 5-bis e 5-ter.
04/11/2017	La LEGGE 17 ottobre 2017, n. 161 (in G.U. 04/11/2017, n.258) ha disposto (con l'art. 14, comma 2, lettera a)) la modifica dell'art. 41, comma 1; (con l'art. 14, comma 2, lettera b)) l'introduzione dei commi 1-bis, 1-ter, 1-quater, 1-quinquies, 1-sexies, 1-septies, 1-octies all'art. 41; (con l'art. 14, comma 2, lettera c)) l'introduzione dei commi 2-bis, 2-ter all'art. 41; (con l'art. 14, comma 2, lettera d)) la modifica dell'art. 41, comma 5; (con l'art. 14, comma 2, lettera e)) la modifica dell'art. 41, comma 6 e l'introduzione del comma 6-bis all'art. 41.
04/11/2017	La LEGGE 17 ottobre 2017, n. 161 (in G.U. 04/11/2017, n.258) ha disposto (con l'art. 15, comma 1, lettera a)) l'introduzione dell'art. 41-bis.
04/11/2017	La LEGGE 17 ottobre 2017, n. 161 (in G.U. 04/11/2017, n.258) ha disposto (con l'art. 16, comma 1) l'introduzione dell'art. 41-quater.
04/11/2017	La LEGGE 17 ottobre 2017, n. 161 (in G.U. 04/11/2017, n.258) ha disposto (con l'art. 16, comma 1) l'introduzione dell'art. 41-ter.
04/11/2017	La LEGGE 17 ottobre 2017, n. 161 (in G.U. 04/11/2017, n.258) ha disposto (con l'art. 17, comma 1, lettera a)) la modifica dell'art. 43, comma 1; (con l'art. 17, comma 1, lettera b)) l'introduzione del comma 5-bis all'art. 43.
04/11/2017	La LEGGE 17 ottobre 2017, n. 161 (in G.U. 04/11/2017, n.258) ha disposto (con l'art. 17, comma 2) la modifica dell'art. 44, comma 1.
04/11/2017	La LEGGE 17 ottobre 2017, n. 161 (in G.U. 04/11/2017, n.258) ha disposto (con l'art. 18, comma 4, lettera a)) la modifica dell'art. 48, comma 1, lettera b); (con l'art. 18, comma 4, lettera b)) la modifica dell'art. 48, comma 3, lettere b) e c) e l'introduzione della lettera c-bis) all'art. 48, comma 3; (con l'art. 18, comma 4, lettera c)) l'introduzione del comma 7-bis all'art. 48; (con l'art. 18, comma 4, lettera d)) la modifica dell'art. 48, comma 8, lettera a); (con l'art. 18, comma 4, lettera e)) l'introduzione del comma 8-ter all'art. 48; (con l'art. 18, comma 4, lettera f)) la modifica dell'art. 48, comma 12; (con l'art. 18, comma 4, lettera g)) l'introduzione dei commi 15-bis e 15-ter all'art. 48.
04/11/2017	La LEGGE 17 ottobre 2017, n. 161 (in G.U. 04/11/2017, n.258) ha disposto (con l'art. 18, comma 1) l'introduzione dell'art. 45-bis.
04/11/2017	La LEGGE 17 ottobre 2017, n. 161 (in G.U. 04/11/2017, n.258) ha disposto (con l'art. 18, comma 2) la modifica dell'art. 46, commi 1 e 2.
04/11/2017	La LEGGE 17 ottobre 2017, n. 161 (in G.U. 04/11/2017, n.258) ha disposto (con l'art. 18, comma 3) la modifica dell'art. 47, comma 2.
04/11/2017	La LEGGE 17 ottobre 2017, n. 161 (in G.U. 04/11/2017, n.258) ha disposto (con l'art. 19, comma 1) la modifica dell'art. 51, comma 2.

04/11/2017	La LEGGE 17 ottobre 2017, n. 161 (in G.U. 04/11/2017, n.258) ha disposto (con l'art. 20, comma 1, lettera a)) la modifica dell'art. 52, comma 1, lettere a) e b); (con l'art. 20, comma 1, lettera b)) la modifica dell'art. 52, comma 2; (con l'art. 20, comma 1, lettera c)) l'introduzione del comma 3-bis all'art. 52; (con l'art. 20, comma 1, lettera d)) la modifica dell'art. 52, comma 4.
04/11/2017	La LEGGE 17 ottobre 2017, n. 161 (in G.U. 04/11/2017, n.258) ha disposto (con l'art. 20, comma 2) la modifica dell'art. 53.
04/11/2017	La LEGGE 17 ottobre 2017, n. 161 (in G.U. 04/11/2017, n.258) ha disposto (con l'art. 20, comma 3) l'introduzione dell'art. 54-bis.
04/11/2017	La LEGGE 17 ottobre 2017, n. 161 (in G.U. 04/11/2017, n.258) ha disposto (con l'art. 20, comma 4) la modifica dell'art. 55, commi 2 e 3.
04/11/2017	La LEGGE 17 ottobre 2017, n. 161 (in G.U. 04/11/2017, n.258) ha disposto (con l'art. 20, comma 5, lettera a)) la modifica dell'art. 56, comma 1; (con l'art. 20, comma 5, lettera b)) la modifica dell'art. 56, comma 4.
04/11/2017	La LEGGE 17 ottobre 2017, n. 161 (in G.U. 04/11/2017, n.258) ha disposto (con l'art. 21, comma 1) la modifica dell'art. 57, commi 1 e 2.
04/11/2017	La LEGGE 17 ottobre 2017, n. 161 (in G.U. 04/11/2017, n.258) (con l'art. 21, comma 2) la modifica dell'art. 58, comma 5 e l'introduzione dei commi 5-bis e 5-ter all'art. 58.
04/11/2017	La LEGGE 17 ottobre 2017, n. 161 (in G.U. 04/11/2017, n.258) ha disposto (con l'art. 21, comma 3, lettera a)) la modifica dell'art. 59, comma 1; (con l'art. 21, comma 3, lettera b)) la modifica dell'art. 59, comma 6; (con l'art. 21, comma 3, lettera c)) la modifica dell'art. 59, commi 8 e 9; (con l'art. 21, comma 3, lettera d)) l'abrogazione del comma 10 dell'art. 59.
04/11/2017	La LEGGE 17 ottobre 2017, n. 161 (in G.U. 04/11/2017, n.258) ha disposto (con l'art. 21, comma 4, lettera a)) la modifica dell'art. 60, commi 1 e 2; (con l'art. 21, comma 4, lettera b)) la modifica dell'art. 60, comma 4; (con l'art. 21, comma 4, lettera c)) l'abrogazione del comma 5 dell'art. 60.
04/11/2017	La LEGGE 17 ottobre 2017, n. 161 (in G.U. 04/11/2017, n.258) ha disposto (con l'art. 21, comma 5, lettera a)) la modifica dell'art. 61, comma 1; (con l'art. 21, comma 5, lettera b)) la modifica dell'art. 61, comma 4; (con l'art. 21, comma 5, lettera c)) la modifica dell'art. 61, commi 6 e 7; (con l'art. 21, comma 5, lettera d)) la modifica dell'art. 61, comma 8.
04/11/2017	La LEGGE 17 ottobre 2017, n. 161 (in G.U. 04/11/2017, n.258) ha disposto (con l'art. 22, comma 1, lettera a)) la modifica dell'art. 63, comma 4; (con l'art. 22, comma 1, lettera b)) la modifica dell'art. 63, commi 6 e 7; (con l'art. 22, comma 1, lettera c)) l'introduzione del comma 8-bis all'art. 63.
04/11/2017	La LEGGE 17 ottobre 2017, n. 161 (in G.U. 04/11/2017, n.258) ha disposto (con l'art. 22, comma 2, lettera a)) la modifica dell'art. 64, comma 2; (con l'art. 22, comma 2, lettera b)) l'abrogazione del comma 3 dell'art. 64; (con l'art. 22, comma 2, lettera c)) la modifica dell'art. 64, comma 4; (con l'art. 22, comma 2, lettera d)) l'abrogazione del comma 5 dell'art. 64; (con l'art. 22, comma 2, lettera e)) la modifica dell'art. 64, commi 6 e 7.
04/11/2017	La LEGGE 17 ottobre 2017, n. 161 (in G.U. 04/11/2017, n.258) ha disposto (con l'art. 23, comma 1) la modifica dell'art. 71, comma 1.
04/11/2017	La LEGGE 17 ottobre 2017, n. 161 (in G.U. 04/11/2017, n.258) ha disposto (con l'art. 24, comma 1) la modifica dell'art. 76, comma 6;(con l'art. 24, comma 2) la modifica dell'art. 76, comma 8.
04/11/2017	La LEGGE 17 ottobre 2017, n. 161 (in G.U. 04/11/2017, n.258) ha disposto (con l'art. 25, comma 1, lettera a)) la modifica dell'art. 83, comma 1; (con l'art. 25,

	comma 1, lettera b)) la modifica dell'art. 83, comma 3, lettera e); (con l'art. 25, comma 1, lettera c)) l'introduzione del comma 3-bis all'art. 83.
04/11/2017	La LEGGE 17 ottobre 2017, n. 161 (in G.U. 04/11/2017, n.258) ha disposto (con l'art. 26, comma 1) la modifica dell'art. 84, comma 4, lettera a).
04/11/2017	La LEGGE 17 ottobre 2017, n. 161 (in G.U. 04/11/2017, n.258) ha disposto (con l'art. 27, comma 1) la modifica dell'art. 85, comma 2, lettera b).
04/11/2017	La LEGGE 17 ottobre 2017, n. 161 (in G.U. 04/11/2017, n.258) ha disposto (con l'art. 28, comma 1) l'introduzione del comma 1-bis all'art. 91.
04/11/2017	La LEGGE 17 ottobre 2017, n. 161 (in G.U. 04/11/2017, n.258) ha disposto (con l'art. 29, comma 1) la modifica dell'art. 110.
04/11/2017	La LEGGE 17 ottobre 2017, n. 161 (in G.U. 04/11/2017, n.258) ha disposto (con l'art. 29, comma 2) la modifica dell'art. 111.
04/11/2017	La LEGGE 17 ottobre 2017, n. 161 (in G.U. 04/11/2017, n.258) ha disposto (con l'art. 29, comma 3) la modifica dell'art. 112.
04/11/2017	La LEGGE 17 ottobre 2017, n. 161 (in G.U. 04/11/2017, n.258) ha disposto (con l'art. 29, comma 4) la modifica dell'art. 113.
04/11/2017	La LEGGE 17 ottobre 2017, n. 161 (in G.U. 04/11/2017, n.258) ha disposto (con l'art. 29, comma 5) la modifica dell'art. 113-bis.
04/11/2017	La LEGGE 17 ottobre 2017, n. 161 (in G.U. 04/11/2017, n.258) ha disposto (con l'art. 29, comma 5) l'introduzione dell'art. 113-ter.
04/11/2017	La LEGGE 17 ottobre 2017, n. 161 (in G.U. 04/11/2017, n.258) ha disposto (con l'art. 36, comma 3) la modifica dell'art. 4, comma 1, lettere b), d), f), i-bis) e i-ter).
04/11/2017	La LEGGE 17 ottobre 2017, n. 161 (in G.U. 04/11/2017, n.258) ha disposto (con l'art. 36, comma 2) la modifica dell'art. 7, commi 10-bis e 10-quater; (con l'art. 36, comma 3) la modifica dell'art. 7, comma 2.
04/11/2017	La LEGGE 17 ottobre 2017, n. 161 (in G.U. 04/11/2017, n.258) ha disposto (con l'art. 36, comma 3) la modifica dell'art. 24, comma 2.
04/11/2017	La LEGGE 17 ottobre 2017, n. 161 (in G.U. 04/11/2017, n.258) ha disposto (con l'art. 36, comma 3) la modifica dell'art. 25.
04/11/2017	La LEGGE 17 ottobre 2017, n. 161 (in G.U. 04/11/2017, n.258) ha disposto (con l'art. 36, comma 4) la modifica dell'art. 45-bis.
04/11/2017	La LEGGE 17 ottobre 2017, n. 161 (in G.U. 04/11/2017, n.258) ha disposto (con l'art. 36, comma 1) la modifica dell'art. 110.
04/11/2017	La LEGGE 17 ottobre 2017, n. 161 (in G.U. 04/11/2017, n.258) ha disposto (con l'art. 36, comma 1) la modifica dell'art. 112.
04/11/2017	La LEGGE 17 ottobre 2017, n. 161 (in G.U. 04/11/2017, n.258) ha disposto (con l'art. 36, comma 1) la modifica dell'art. 113.
04/11/2017	La LEGGE 17 ottobre 2017, n. 161 (in G.U. 04/11/2017, n.258) ha disposto (con l'art. 36, comma 1) la modifica dell'art. 113-ter.
29/12/2017	La LEGGE 27 dicembre 2017, n. 205 (in SO n.62, relativo alla G.U. 29/12/2017, n.302) ha disposto (con l'art. 1, comma 458) la modifica dell'art. 5, comma 4.
29/12/2017	La LEGGE 27 dicembre 2017, n. 205 (in SO n.62, relativo alla G.U. 29/12/2017, n.302) ha disposto (con l'art. 1, comma 1142) la modifica dell'art. 83, comma 3-bis.
29/12/2017	La LEGGE 27 dicembre 2017, n. 205 (in SO n.62, relativo alla G.U. 29/12/2017, n.302) ha disposto (con l'art. 1, comma 244) la modifica dell'art. 85, comma 2, lettera b).
29/12/2017	La LEGGE 27 dicembre 2017, n. 205 (in SO n.62, relativo alla G.U. 29/12/2017, n.302) ha disposto (con l'art. 1, comma 1142) la modifica dell'art. 91, comma 1-bis.

Dedicato
a chi non si arrende mai

www.ingramcontent.com/pod-product-compliance
Lightning Source LLC
Chambersburg PA
CBHW070041210526
45170CB00012B/559